UMA
BREVE
HISTÓRIA DO
PROGRESSO

RONALD WRIGHT

UMA BREVE HISTÓRIA DO **PROGRESSO**

Tradução de
CAROLINA ARAÚJO

EDITORA RECORD
RIO DE JANEIRO • SÃO PAULO

2007

CIP-Brasil. Catalogação-na-fonte
Sindicato Nacional dos Editores de Livros, RJ.

Wright, Ronald, 1948-
W935b   Uma breve história do progresso / Ronald Wright; tradução de Carolina Araújo. – Rio de Janeiro: Record, 2007.

Tradução de: A short history of progress
Inclui bibliografia
ISBN 978-85-01-07381-5

1. Progresso – História. 2. Civilização – História. 3. Degradação ambiental. I. Título.

06-3543

CDD – 303.4409
CDU – 316.422.4

Título original em inglês:
A SHORT HISTORY OF PROGRESS

Copyright © Ronald Wright, 2004
Publicado mediante acordo com Canongate Books Ltd, Edinburgh.

Todos os direitos reservados. Proibida a reprodução, armazenamento ou transmissão de partes deste livro, através de quaisquer meios, sem prévia autorização por escrito. Proibida a venda desta edição em Portugal e resto da Europa.

Direitos exclusivos de publicação em língua portuguesa para o Brasil adquiridos pela
EDITORA RECORD LTDA.
Rua Argentina 171 – Rio de Janeiro, RJ – 20921-380 – Tel.: 2585-2000
que se reserva a propriedade literária desta tradução

Impresso no Brasil

ISBN 978-85-01-07381-5

PEDIDOS PELO REEMBOLSO POSTAL
Caixa Postal 23.052
Rio de Janeiro, RJ – 20922-970

EDITORA AFILIADA

Para minha mãe,
Shirley Phyllis Wright

Há muito tempo...
Ninguém dilacerava o solo com arados
ou loteava a terra
ou varria o mar com remos submersos —
a costa era o fim do mundo.
Ó astuta natureza humana, vítima de suas invenções,
desastrosamente criativa,
por que isolar cidades com muralhas elevadas?
Por que se armar para a guerra?

Ovídio, *Amores*, livro 3

AGRADECIMENTOS

Meus agradecimentos a Bernie Lucht e John Fraser pelo seu apoio.

A Martha Sharpe da Anansi e a Philip Coulter da CBC por sua cuidadosa edição e por suas úteis sugestões.

A Richard Outram, Farley Mowat, Brian Brett e Jonathan Bennett pela gentileza de ler o manuscrito e pelos muitos comentários valiosos.

E, como sempre, à minha esposa, Janice Boddy, pela sua leitura rigorosa e pelos astutos comentários.

SUMÁRIO

I. As perguntas de Gauguin   13

II. A grande experiência   43

III. O paraíso dos tolos   71

IV. Projetos de pirâmides   99

V. A revolta das ferramentas   129

Notas   159

Bibliografia   215

Índice   227

I

AS PERGUNTAS DE GAUGUIN

O PINTOR E ESCRITOR FRANCÊS Paul Gauguin — que, pelo que se conta, era louco, mau e perigoso — sofria gravemente de vertigem cosmológica provocada pela obra de Darwin e de outros cientistas vitorianos.

Na década de 1890, Gauguin fugiu de Paris, da família e da carreira de corretor de ações para pintar (e se deitar com) meninas nativas dos trópicos. Como é comum às almas perturbadas, ele não pôde escapar tão facilmente de si mesmo, apesar dos grandes esforços feitos com o auxílio da bebida e do ópio. No fundo da sua inquietude estava um desejo de descobrir o que ele chamava de "selvagem" — o homem (e a mulher) primordial, a humanidade em estado cru, a fugidia essência da nossa espécie. Essa busca levou-o, por fim, ao Taiti e a outras ilhas dos mares do sul, onde vestígios de um mundo intacto — um mundo, aos seus olhos, anterior à decadência — subsistiam sob a cruz e o *bleu-blanc-rouge*.

Em 1897, um correio marítimo aportou no Taiti trazendo terríveis notícias. A filha predileta de Gauguin, Aline, morrera repentinamente de pneumonia. Depois de meses de doença, pobreza e um desespero suicida, o artista canalizou o seu pesar em uma vasta produção de pinturas — algo que, em sua concepção, mais se aproximava de um mural do que de uma tela[1] — na qual, como tinha acontecido na era vitoriana, ele procurava novas respostas para o enigma da existência. Com ousadia, ele escreveu o título da imagem: três perguntas aparentemente infantis, simples, embora profundas. *"D'Où Venons Nous? Que Sommes Nous? Où Allons Nous?"* De onde viemos? O que somos? Para onde vamos?

A obra é um vasto panorama de figuras enigmáticas em meio a um cenário que poderia tanto ser os bosques de um Taiti pagão quanto os jardins de um Éden sem lei: devotos e deuses; gatos, pássaros, um bode que descansa; um ídolo enorme com uma expressão serena e as mãos alçadas ao céu, aparentemente apontando para o além; uma figura central colhendo um fruto; uma Eva, a mãe da humanidade, que não é uma inocente voluptuosa como as outras mulheres da obra de Gauguin, mas, sim, uma bruxa enrugada de olhar penetrante inspirada por uma múmia peruana. Uma outra figura volta-se com espanto para um jovem casal humano que, como escreveu o artista, "ousava pensar sobre o seu destino".[2]

A terceira pergunta — Para onde vamos? — é o tema a que quero me dedicar neste livro. Ela parece irrespondível. Quem pode predizer o percurso humano ao longo do tempo? Mas eu penso que *podemos* respondê-la, em linhas gerais, ao respondermos primeiramente as outras duas questões. Se virmos claramente o que somos e o que fizemos, podemos reconhecer o comportamento humano que persiste através dos tempos e das culturas. Sabê-lo pode nos revelar o que *provavelmente* faremos, para onde provavelmente iremos depois daqui.

A nossa civilização, que abrange a maior parte de seus predecessores, é um grande navio movendo-se rapidamente em direção ao futuro. Ele viaja mais rápido, vai mais longe e está mais sobrecarregado do que todos os outros antes dele. Nós podemos não ser capazes de prever todos os obstáculos e riscos, mas, ao prestarmos atenção ao rumo da bússola e ao seu avanço, ao compreender o seu projeto, os seus dispositivos de segurança e as habilidades da tripulação, podemos, penso eu, traçar um percurso prudente entre os estreitos e os recifes que assomam adiante.

Creio que *devemos* fazer isso sem demora, porque há naufrágios às nossas costas. A nau na qual agora estamos embarcados não é apenas a maior de todos os tempos, ela é a única que restou. O futuro de tudo que realizamos desde a evolução de nossa inteligência dependerá da sabedoria de nossas ações ao longo dos próximos anos. Tal como todas as criaturas, os seres humanos conquistaram o seu lugar no mundo até aqui por meio de tentativas e erros; diferentemente das outras criaturas, a nossa presença é hoje tão colossal que o erro tornou-se um luxo que não podemos mais sustentar. O mundo tornou-se pequeno demais para nos perdoar de qualquer grande erro.

Apesar de certos acontecimentos do século XX, a maior parte das pessoas na tradição cultural ocidental ainda acredita no ideal vitoriano de progresso, uma crença sucintamente definida pelo historiador Sidney Pollard, em 1968, como "o pressuposto de que exista um padrão de mudança na história da humanidade... que consiste em mudanças irreversíveis em uma única direção e que essa direção seja o aprimoramento".[3] O próprio surgimento na Terra de criaturas que possam esboçar um tal pensamento sugere que o progresso é uma lei da natureza: o mamífero é mais veloz do que o réptil, o macaco é mais astuto que o touro e o homem é o mais inteligente de todos. A nossa cultura tecnológica mede o progresso humano pela tecnologia: o porrete é melhor do que o punho, o arco é melhor do que o porrete, a bala é melhor do que o arco. Chegamos a essa crença por razões empíricas: porque assim se deu.

Pollard nota que a idéia de progresso material é muito recente — "significativa apenas nos últimos trezentos anos mais ou menos"[4] — e coincide intimamente com o surgimento da ciência e da indústria e com o correspondente declínio das crenças tradicionais.[5] Não mais nos dedicamos a pensar sobre o progresso moral — uma preocupação primordial nos tempos anteriores —, a não ser para supor que ele caminhe de mãos dadas com o progresso material. Pessoas civilizadas, tendemos a pensar, não apenas cheiram melhor, mas também se comportam melhor do que os bárbaros ou selvagens. Essa noção teve muitos problemas para se sustentar no tribunal da história, e eu voltarei a ela no próximo capítulo, quando a questão será o que significa "civilização".

Nossa fé prática no progresso se ramificou e se cristalizou em uma ideologia — uma religião secular que, tal como as religiões que o progresso desafiou, é cega diante de certas falhas nas suas credenciais. O progresso, portanto, tornou-se um "mito" no sentido antropológico. Por mito eu não entendo uma crença frágil ou inverídica. Mitos bem-sucedidos são poderosos e, no mais das vezes, parcialmente verdadeiros. Como escrevi em outra ocasião: "O mito é uma organização do passado, seja real ou imaginado, em modelos que reforçam os mais profundos valores e aspirações de uma cultura... Os mitos são tão repletos de significado que nós vivemos e morremos por eles. Eles são os mapas pelos quais as culturas navegam ao longo do tempo."[6]

O mito do progresso por vezes também nos foi muito útil — ao menos àqueles de nós sentados às melhores mesas — e pode continuar a sê-lo. No entanto, pretendo argumentar neste livro que ele também se tornou perigoso. O progresso tem uma lógica interna que pode ultrapassar a razão e nos levar à catástrofe. Uma sedutora trilha de sucessos pode terminar em uma armadilha.

Tomemos as armas por exemplo. Desde que os chineses inventaram a pólvora, houve grandes progressos na produção de explosivos: das bombinhas ao canhão, do petardo à cápsula de alta explosividade. Precisamente quando os grandes explosivos estavam alcançando o estágio da perfeição, o progresso encontrou no átomo uma explosão infinitamente maior. Mas quando a explosão que detonamos pode destruir o nosso mundo, é de se pensar que tenhamos tido progresso em demasia.

Muitos dos cientistas que criaram a bomba atômica reconheceram essa questão na década de 1940, dizendo aos políticos e a outros que as novas armas deveriam ser destruídas. "O poder desencadeado pelo átomo mudou tudo, exceto o nosso modo de pensar", escreveu Albert

Einstein, "e com isso somos inadvertidamente levados a catástrofes sem paralelo." Alguns anos mais tarde, o presidente Kennedy diria que, "se a humanidade não colocar um fim à guerra, a guerra porá um fim à humanidade".

Quando eu era criança, na década de 1950, a sombra de um progresso excessivo na artilharia — de Hiroshima, Nagasaki e outras ilhas dissipadas no Pacífico — já pairava sobre o mundo. Agora ela completa sessenta anos de assombro em nossas vidas, e tanto já foi dito sobre o tema que eu não preciso acrescentar mais nada.[7] O meu argumento aqui é que a tecnologia armamentista foi apenas a primeira das áreas do progresso humano a chegar a um impasse causado pela ameaça de destruir o planeta no qual ela foi desenvolvida.

Naquele tempo, essa armadilha do progresso foi vista como uma aberração. Em todos os outros campos, incluindo os da energia nuclear e dos pesticidas químicos, a crença geral no progresso restava inabalável. Os anúncios comerciais da década de 1950 mostravam uma sorridente "Sra. 1970", que, tendo comprado determinada marca de aspirador de pó, desfrutava o futuro antecipadamente. O automóvel de cada ano parecia ser diferente do modelo do ano anterior (especialmente quando não era). "Maior! Mais amplo! Mais resistente!", cantavam as meninas em um *jingle*, e os fabricantes de automóveis eram os grandes entusiastas, naquele tempo tanto quanto hoje, da venda do maior como o melhor. Enquanto isso, no que ficou conhecido como Terceiro Mundo — aquela tapeçaria em frangalhos de culturas não-ocidentais, vista como uma relíquia do "atraso" dividida pelas superpotências —, os camponeses se livravam das pragas com generosas baforadas de DDT. Em ambas as suas versões, a capitalista e a comunista, a grande promessa da modernidade era o progresso sem limite e sem fim.

O colapso da União Soviética levou muitos a concluir que realmente havia apenas um caminho para o progresso. Em 1992, Francis Fukuyama, antigo funcionário do Departamento de Estado norte-americano, declarou que o capitalismo e a democracia eram o "fim" da história — não apenas o seu destino, mas o seu objetivo.[8] Alguns críticos ainda apontaram que o capitalismo e a democracia não andam necessariamente de mãos dadas, citando a Alemanha nazista, a China moderna e o arquipélago de tiranias exploradoras espalhado por todo o mundo. Não obstante, o triunfalismo ingênuo de Fukuyama reforçou uma crença, principalmente na política direitista, de que aqueles que não escolheram o verdadeiro caminho do avanço devem ser forçados a fazê-lo para o seu próprio bem — se necessário, pela força. Nesse aspecto e no interesse pessoal que ele disfarça, a atual ideologia do progresso muito se assemelha aos projetos missionários dos impérios passados, sejam eles o do Islã do século VII, o da Espanha do século XVI ou o da Grã-Bretanha do século XIX.

Desde o fim da Guerra Fria, temos mantido o gênio nuclear na praia, mas ainda não começamos a enfiá-lo de volta na garrafa. Mesmo assim, estamos ocupados em desencadear outras forças poderosas — a cibernética, a biotecnologia e a nanotecnologia —, das quais esperamos que se revelem boas ferramentas, mas cujas conseqüências não podemos prever.

A ameaça mais imediata, no entanto, pode ser algo tão glamoroso quanto o nosso próprio lixo. Assim como a maior parte dos problemas da tecnologia, a poluição é uma questão de escala. A biosfera poderia ter sido capaz de tolerar nossos velhos amigos poluidores, o carvão e o petróleo, se nós os tivéssemos queimado gradualmente. Porém, até quando ela poderá suportar um fervor de consumo tão frenético, que faz com que o lado escuro do nosso planeta brilhe como uma brasa incandescente na noite do espaço?

Alexander Pope disse, de maneira um tanto esnobe, que pouco aprendizado é algo perigoso; Thomas Huxley mais tarde perguntou: "Onde está o homem que tem o suficiente para estar livre do perigo?"[9] A tecnologia vicia. O progresso material cria problemas que são — ou aparentam ser — solucionáveis apenas por um progresso maior. Mais uma vez o mal aqui está na escala: um bom explosivo pode ser útil, um explosivo melhor pode acabar com o mundo.

Até aqui falei de tais problemas como se eles fossem puramente modernos, como se surgissem das tecnologias industriais. Mas se o progresso forte o suficiente para destruir o mundo é de fato moderno, o mal da escala, que transforma benefícios em armadilha, nos aflige desde a Idade da Pedra. Esse mal vive em nós e aflora toda vez que levamos vantagem sobre a natureza, desestabilizando o equilíbrio entre a astúcia e a imprudência, entre a necessidade e a cobiça.

Os caçadores paleolíticos que aprenderam a matar dois mamutes de uma vez obtiveram progresso. Aqueles que aprenderam a matar duzentos — ao conduzir todo o rebanho para um precipício — obtiveram demais. Eles viveram esplendidamente por um tempo, depois morreram de fome. Muitas das grandes ruínas que hoje decoram os desertos e as florestas da Terra são monumentos às armadilhas do progresso, lápides de civilizações que se tornaram vítimas de seu próprio sucesso. Nos destinos de tais sociedades — outrora poderosas, complexas e brilhantes — estão as mais instrutivas lições para nós próprios. As suas ruínas são naufrágios que marcam os bancos de areia na rota do progresso, ou — para usar uma analogia mais moderna — são aviões que caíram, cujas caixas-pretas podem nos revelar o que houve de errado. Neste livro eu pretendo examinar algumas dessas caixas, na esperança de que possamos evitar a repetição de erros passados em relação ao plano de vôo, à escolha da tripulação e ao projeto inicial. Naturalmente, as particularidades da nossa civilização diferem das de anteriores, mas não tanto quanto gostaríamos de pensar. Todas as culturas, passadas e presentes, são dinâmicas; mesmo as que se desenvolveram mais lentamente se mostraram, a longo prazo, em progressão. Se, por um lado, os fatos de cada caso diferem entre si, por outro, os modelos ao longo do tempo são espantosamente — e estimulantemente — similares. Deveríamos nos espantar pela previsibilidade de nossos erros, mas também nos animar, porque esse próprio fato torna-os úteis para a compreensão daquilo com que nos defrontamos hoje.

À semelhança de Gauguin, freqüentemente preferimos pensar no passado longínquo como algo inocente e intacto, um tempo de tranqüilidade e plenitude anterior à expulsão do paraíso. As palavras "Éden" e "paraíso" aparecem com proeminência nos títulos de livros populares sobre antropologia e história. Para alguns, o Éden era um mundo pré-agrícola, a era da caçada e da colheita, para outros, ele era o mundo pré-colombiano, as Américas antes do homem branco e, para muitos, ele era o mundo pré-industrial, a grande imobilidade anterior à máquina. Com certeza houve tempos bons e ruins para se viver. Mas a verdade é que os seres humanos conquistaram a sua expulsão do Éden e o fizeram repetidas vezes ao desonrar o seu próprio ninho. Se quisermos viver em um paraíso terrestre, cabe a nós moldá-lo, compartilhá-lo e dele cuidar.

Ao ponderar sobre a sua primeira pergunta — De onde viemos? —, Gauguin talvez concordasse com G. K. Chesterton, que observou: "O homem é uma exceção, seja ele o que for... Se não é verdade que um ser divino caiu, então podemos apenas dizer que um dos animais enlouqueceu completamente."[10] Agora sabemos tão mais sobre o processo de enlouquecimento de um macaco ao longo de cinco milhões de anos que é difícil, hoje, recapturar o choque sentido em todo o mundo quando as implicações da teoria evolucionista se tornaram claras pela primeira vez.

Ao escrever em 1600, Shakespeare fez com que Hamlet exclamasse: "Que obra de arte é um homem! Tão nobre pela razão! Tão infinito pela capacidade!... Em ação como se assemelha a um anjo! Em apreensão como se assemelha a um deus!"[11] A sua platéia teria compartilhado esse misto de maravilha, escárnio e ironia de Hamlet frente à natureza humana, porém muito poucos duvidariam, se é que alguém o faria, de que ela foi feita tal como narrou a

Bíblia: "E Deus disse, façamos o homem à nossa imagem e semelhança."

Eles estavam preparados para desconsiderar os pontos teológicos polêmicos introduzidos pelo sexo, pela raça e pela cor. Deus era negro ou louro? Ele tinha umbigo? E o que dizer do resto de seus atributos físicos? Tais coisas não suportam uma reflexão muito apurada. Nossa afinidade com os macacos, que parece tão óbvia agora, era insuspeitada; os macacos eram vistos (quando vistos, uma vez que eram raros na Europa naquele tempo) como paródias do homem, não como primos ou possíveis antepassados.

Se alguma vez as pessoas de 1600 chegassem a pensar sobre isso, a maior parte acreditaria que o que nós agora chamamos de método científico simplesmente abriria as portas e iluminaria o grande mecanismo elaborado pela Providência, porque Deus julgou conveniente permitir aos homens compartilhar a admiração pelo Seu trabalho. As idéias incômodas de Galileu sobre a estrutura dos céus, não comprovadas e não assimiladas, foram uma bomba que não explodiu (Hamlet ainda defende um universo pré-copernicano, um "grande firmamento suspenso"). O choque inevitável entre a fé nas escrituras e a evidência empírica mal era conjecturado. A maior parte das verdadeiras grandes surpresas — a idade da Terra, a origem dos animais e do homem, a forma e o tamanho dos céus — ainda demoraria muito. A maioria das pessoas de 1600 estava muito mais preocupada com os padres e as bruxas do que com os filósofos da natureza, embora as fronteiras que distinguiam esses três fossem em geral tênues.

Partindo da definição bíblica do homem e do princípio do senso comum de que é preciso ser para conhecer, Hamlet acredita saber o que é o ser humano, e boa parte dos ocidentais continuou acreditando, por mais duzentos anos, saber o que era. O mal-estar causado pela dúvida racional em relação ao nosso princípio só surgiu no século XIX, quando os geólogos perceberam que a cronologia da Bíblia não dava conta da antiguidade que eles constatavam nas rochas, nos fósseis e nos sedimentos. Algumas civilizações, notadamente a civilização maia e a hindu, supunham que o tempo era vasto ou infinito, a nossa, ao contrário, sempre teve uma noção reduzida da sua escala. "O pobre mundo tem quase seis mil anos de idade", suspira Rosalinda em *Como gostais*,[12] uma típica estimativa derivada da era do patriarcado, das "genealogias" e de outros indícios no Antigo Testamento. Meio século depois do suspiro de Rosalinda, o arcebispo Ussher de Armagh e seu contemporâneo John Lightfoot tomaram para si a tarefa de determinar o momento exato da Criação. "O homem foi criado pela Trindade", declarou Lightfoot, "em 23 de outubro de 4004 a.C., às nove horas da manhã."[13]

Essa precisão era novidade, mas a idéia de uma Terra jovem sempre foi essencial à visão judaico-cristã do tempo como teleológico — uma breve viagem, sem retorno, da Criação ao Juízo Final, de Adão ao Apocalipse. Newton e outros pensadores começaram a dar voz a dúvidas sobre esses fundamentos teóricos, mas eles não dispunham de nenhuma evidência concreta ou de meios para testar as suas idéias. Foi assim que, na década de 1830, enquanto o jovem Charles Darwin navegava pelo mundo a bordo do *Beagle*, Charles Lyell publicou o seu *Principles of Geology*, argumentando que a Terra se transformava gradualmente, por processos ainda em atividade e que, portanto, poderia ser tão velha quanto Newton propusera — cerca de dez vezes a idade conferida pela Bíblia.[14]

Sob o reinado da rainha Vitória, a Terra envelheceu rapidamente — muitos milhões de anos em décadas —, o suficiente para abrir espaço para o mecanismo evolucionista de Darwin e para a crescente coleção de lagartos gigantes e fósseis de homens da caverna descobertos em todo o mundo e expostos na região de South Kensington e no Palácio de Cristal.[15]

Em 1863, Lyell publicou um livro chamado *Geological Evidences of the Antiquity of Man*, e, em 1871 (12 anos depois de seu *A origem das espécies*), Darwin publicou *A origem do homem*. As suas idéias eram popularizadas por divulgadores entusiásticos, sobretudo por Thomas Huxley, famoso por declarar, em um debate sobre a evolução com o bispo Wilberforce, que preferiria reconhecer um macaco como o seu bisavô do que ser um padre que não se importa com a verdade.[16] A exclamação de Hamlet tornou-se, portanto, uma questão: o que exatamente *é* um homem? Tal como crianças que chegam a uma idade em que não mais se satisfazem com a versão de que uma cegonha as trouxe ao mundo, um público recentemente educado começou a duvidar da antiga mitologia.

Enquanto Gauguin pintava a sua obra-prima no final do século, as duas primeiras perguntas que formulara obtinham respostas concretas. A sua compatriota Madame Curie e outros que trabalhavam com radioatividade descobriam naquele momento os registros cronológicos da natureza: elementos nas rochas que se destruíam em um ritmo mensurável. Em 1907, os naturalistas Boltwood e Rutherford puderam mostrar que a idade da Terra deveria ser calculada não em milhões, mas em bilhões de anos.[17] A arqueologia mostrou que o gênero *Homo* era um retardatário, mesmo entre os mamíferos, e que ganhou forma muito tempo depois de os primeiros porcos, gatos e elefantes começarem a caminhar sobre a Terra (ou, no caso das baleias, desistirem de andar e resolverem nadar). "O Homem", escreveu H. G. Wells, "é um mero emergente."[18]

O que era extraordinário no desenvolvimento humano — aquele ponto importante que nos separava das outras criaturas — era que nós "alavancávamos" a evolução natural pelo desenvolvimento de culturas transmissíveis de uma geração a outra por meio do discurso. "A palavra humana", escreveu Northrop Frye em um outro contexto, "é o poder que ordena o nosso caos."[19] O efeito desse poder não tinha precedentes e permitia ferramentas complexas, armas e comportamentos minuciosamente planejados. Até mesmo a mais simples tecnologia teve enormes conseqüências. O vestuário básico e o abrigo construído, por exemplo, abriram-nos as portas de todos os climas, dos trópicos à tundra. Ultrapassamos os ambientes que nos geraram e começamos a gerar a *nós mesmos*.

Embora tenhamos nos tornado as cobaias de nossos próprios projetos, é importante ter em mente que não tínhamos a menor idéia desse processo, muito menos de suas conseqüências, até as últimas seis ou sete de nossas 100 mil gerações. Fizemos tudo isso como sonâmbulos. A natureza pôs alguns macacos no laboratório da evolução, ligou as luzes e nos deixou lá, brincando com um suprimento sempre crescente de ingredientes e processos.

O efeito que se reflete em nós e no mundo, desde então, só faz acumular. Listemos alguns dos passos que nos separam dos primeiros tempos: as pedras polidas, as peles de animais, os úteis pedaços de osso ou madeira, o fogo descontrolado, o fogo dominado, as sementes para o plantio, as casas, as vilas, a cerâmica, as cidades, os metais, as rodas, os explosivos. O que mais surpreende é, sem dúvida, a aceleração, a progressão desgovernada da mudança — ou, colocando de outro modo, o colapso do tempo. Da primeira pedra lascada ao primeiro ferro fundido foram necessários aproximadamente três milhões de anos; do primeiro ferro à bomba de hidrogênio, apenas três mil.

A Idade da Pedra, ou Era Paleolítica, estendeu-se do surgimento dos hominídeos produtores de ferramentas, há cerca de três milhões de anos, até o derretimento da última Era Glacial, há cerca de 12 mil anos. Ela abrange mais de 99,5% da existência humana. Durante a maior parte desse tempo, o ritmo da mudança era tão lento que tradições culturais inteiras (reveladas principalmente por meio de seus conjuntos de ferramentas de pedra) se repetiam, geração após geração, quase que identicamente durante longos períodos de tempo. Poderia levar 100 mil anos para que um novo estilo ou técnica fosse desenvolvido; posteriormente, quando a cultura começou a se ramificar e a se alimentar de si própria, apenas 10 mil; ainda depois, apenas milênios ou séculos. A mudança cultural implica a mudança física e vice-versa, em um círculo sempre realimentado.

Hoje em dia alcançamos uma tal marcha que as práticas e os costumes que aprendemos na infância já se tornaram obsoletos ao completarmos trinta anos, e são poucas as pessoas com mais de cinqüenta anos que conseguem, mesmo tentando, manter-se em dia com a sua cultura — seja em termos de idioma, de atitudes, de gosto ou de tecnologia. Mas eu já estou me antecipando à história. A maior parte das pessoas que vivia na Idade da Pedra não seria, de modo algum, capaz de perceber qualquer mudança cultural. O mundo humano em que os indivíduos eram inseridos ao nascer era o mesmo que eles deixavam ao morrer. Havia, obviamente, variação de eventos — festas, fome, triunfos e desastres locais —, porém, os padrões internos de cada sociedade certamente pareciam imutáveis. Havia apenas um modo de se fazer as coisas, uma única mitologia, um único vocabulário, um grupo de histórias; as coisas eram exatamente do modo que eram.

É possível imaginar exceções ao que acabo de dizer. A geração que viu o primeiro uso do fogo, por exemplo, provavelmente *teve* consciência de que o seu mundo mudara. Mas nós não podemos nos certificar da velocidade segundo a qual mesmo essa descoberta prometéica se desenvolveu. É bem possível que o fogo tenha sido *usado*, quando disponível em incêndios naturais ou em vulcões, muito tempo antes de ele ser *mantido*. Depois disso, ele foi *mantido* por um longo tempo antes que alguém aprendesse como ele poderia ser *feito*. Alguns devem lembrar-se do filme de 1981, *A guerra do fogo*, no qual a figura ágil de Rae Dawn Chong corre de um lado para o outro coberto por uma fina camada de lama e cinzas. O filme se baseou em um romance publicado em 1911 pelo escritor belga J. H. Rosny.[20] O título original de Rosny era *La guerre du feu* e o livro, mais do que o filme, explora a competição mortal entre vários grupos humanos para monopolizar o fogo de modo muito semelhante àquele no qual as nações modernas tentam monopolizar as armas nucleares. Ao longo de centenas de séculos, nos quais os nossos ancestrais preservavam a chama, mas não conseguiam produzi-la, extinguir a fogueira de seus rivais durante o inverno da Era Glacial era um ato de assassinato em massa.

O primeiro domínio sobre o fogo é difícil de ser datado. Tudo o que sabemos é que as pessoas dele se utilizavam há pelo menos meio milhão de anos, possivelmente o dobro disso.[21] Esse foi o momento do *Homo erectus*, o "homem ereto", que era muito semelhante a nós do pescoço para baixo, mas apresentava uma caixa craniana com apenas dois terços da capacidade moderna. Os antropólogos ainda discutem sobre o momento da primeira aparição do *Homo erectus* e quando ele e ela foram suplantados, o que é, em suma, uma questão de definição do estágio evolutivo. Os acadêmicos se dividem ainda mais quando o assunto é o grau da capacidade do *erectus* de pensar e falar.

Os macacos modernos, cujos cérebros são muito menores do que o do *erectus*, usam ferramentas simples, têm um amplo conhecimento de plantas medicinais e são capazes de se reconhecer em um espelho. Estudos que utilizam linguagem não-verbal (símbolos de computador, linguagem de sinais etc.) mostram que os macacos podem empregar um vocabulário de muitas centenas de "palavras", embora haja discordância sobre o significado dessa habilidade em relação à comunicação dos macacos selvagens. *Está* claro que diferentes grupos da mesma espécie

— por exemplo, chimpanzés, em partes separadas da África — têm hábitos e tradições diferentes, transmitidos aos mais novos tal como nos grupos humanos. Em suma, os macacos têm o germe da cultura. O mesmo acontece com outras criaturas inteligentes, como as baleias, os elefantes e certos pássaros, porém nenhuma espécie, à exceção da humana, alcançou o ponto em que a cultura se torna o principal condutor de uma onda evolutiva, ultrapassando limitações ambientais e físicas.

As linhagens do homem e do macaco se separaram há cerca de cinco milhões de anos e, como mencionei, os hominídeos produtores de ferramentas elementares de pedra apareceram cerca de dois milhões de anos mais tarde. Seria, portanto, ingênuo subestimar as habilidades do *Homo erectus*, que, há meio milhão de anos, ao aquecer seus pés calejados em uma fogueira, representava o marco de nove décimos já percorridos no caminho que vai do macaco ancestral até nós. Com o domínio do fogo, surgiu o primeiro pico no gráfico das estatísticas humanas. O fogo tornava a vida muito mais fácil em muitos ambientes; ele mantinha as cavernas aquecidas e os grandes predadores afastados. O cozimento e a defumação aumentaram imensamente a provisão confiável de comida. A queima da vegetação rasteira ampliou as terras roçadas destinadas à caça. Agora se reconhece que muitas das paisagens, supostamente selvagens, habitadas ao longo dos tempos históricos por caçadores e colhedores — as pradarias norte-americanas e os desertos australianos, por exemplo — foram geradas pela queimada deliberada.[22] "O homem", escreveu o grande antropólogo e escritor Loren Eiseley, "é ele mesmo uma chama. Ele queimou todo o mundo animal e se apropriou de seus vastos estoques de proteína."[23]

O último grande ponto de acordo entre os especialistas é que o *Homo erectus* se originou na África, a terra dos primeiros hominídeos, e viveu, durante aproximadamente um milhão de anos, em várias zonas temperadas e tropicais do "antigo mundo", a massa de terra contígua da Eurásia. Isso não significa que o "homem ereto" ocupasse densamente essa área, mesmo depois de ter dominado o fogo. Provavelmente, pouco menos de 100 mil pessoas, dispersas em bandos familiares, era tudo o que se encontrava entre o fracasso evolutivo e os seis bilhões que nós somos aqui hoje.[24]

Depois do *Homo erectus*, o caminho evolutivo torna-se barrento, pisoteado pelas tribos rivais de antropólogos até transformar-se em um lamaçal. Um grupo, o da hipótese "multirregional", vê o *Homo erectus* se desenvolvendo por combinações, por meio da difusão genética, até a humanidade moderna, em todos os lugares que lhe aconteceu de estar presente, algo também conhecido como a miscigenação com estranhos. Essa visão parece ajustar-se bem às diversas descobertas de fósseis, contudo é menos compatível com algumas interpretações de DNA. Um outro grupo — a escola da "monogênese africana" — vê a maior parte das mudanças evolutivas ocorrendo naquele continente e posteriormente irrompendo pelo resto do mundo.[25] Nessa segunda perspectiva, ondas sucessivas de novos seres humanos mais aperfeiçoados eliminam ou, de certa forma, neutralizam os seus predecessores sempre que os encontram, até que todos os inferiores desapareçam. Essa teoria implica que cada nova onda de homens africanos foi uma espécie à parte, incapaz de se reproduzir com outros descendentes do gênero anterior — o que pode ser plausível, caso tipos diferentes tenham se desenvolvido sem contato por longos períodos, mas que é menos provável em espaços de tempo mais breves.[26]

O debate sobre o caminho do progresso humano torna-se mais acalorado quando chegamos aos nossos controversos primos, os neandertais. Eles viveram principalmente na Europa e no noroeste da Ásia em tempos bem recentes — dentro do último vinte avos da jornada humana. Um Gauguin neandertal, descongelado pelo derretimento de uma geleira hoje, poderia acordar e perguntar: "Quem éramos? De onde viemos? Para onde fomos?" As respostas dependeriam daquele de quem ele se aproximasse. Os especialistas não conseguem concordar sequer sobre o seu nome científico.

Arredondando os números, os neandertais apareceram há cerca de 130 mil anos e desapareceram cerca de 100 mil anos depois. A data de "chegada" é menos certa do que a de partida, mas parece que eles evoluíram mais ou menos simultaneamente aos primeiros exemplos do que se pensou ser o nosso gênero moderno — em geral chamado de cro-magnon, nome retirado de uma caverna na bela região da Dordonha, no sul da França, onde o registro de fósseis humanos é o mais rico do mundo.

Desde que foram identificados pela primeira vez, os neandertais foram a base do que eu chamo de "paleorracismo", ridicularizados nos estereótipos de homens da caverna de desenhos animados, uma raça subumana, encurvada e manca. H. G. Wells chamou-os de "povo horroroso" e fez conjecturas indelicadas sobre a sua provável aparência: "Uma fronte extremamente cabeluda, feia, de uma estranheza repulsiva, seu semblante de besouro, seu pescoço de macaco e sua estatura inferior."[27] Muitos argumentaram que os neandertais eram canibais, o que poderia ser verdade, uma vez que nós também o somos — os humanos posteriores têm um amplo registro de canibalismo chegando até os tempos modernos.[28]

O primeiro esqueleto neandertal foi desencavado em 1856 de uma caverna em um vale perto de Düsseldorf, na Alemanha. O lugar recebera seu nome em homenagem ao compositor Joachim Neumann, que, de maneira bem pretensiosa, havia adotado a tradução grega de seu sobrenome, "Neander". Em inglês, Neanderthal é apenas "Newmandale", o vale do novo homem. Um nome bem apropriado: um novo homem de fato veio à luz naquele vale, um novo homem de, pelo menos, 30 mil anos de idade. Não que a antigüidade do homem de Neandertal tenha sido imediatamente reconhecida. Os franceses, ao notar a espessura do crânio, tenderam a pensar que pertencia a um alemão. Os alemães disseram que provavelmente era de um eslavo, um mercenário cossaco que havia se embrenhado na caverna e morrido.[29] Porém, apenas três anos depois, em 1859, duas coisas importantes aconteceram: Darwin publicou *A origem das espécies* e Charles Lyell, ao visitar os cascalhos do rio Somme (local que menos de 60 anos depois se tornaria um infame abatedouro humano), identificou algumas pedras lascadas como armas da Era Glacial.

Ao reconhecerem que o homem de Neandertal não era um cossaco, os cientistas da época o escalaram para o papel, recentemente inventado, de "elo perdido" — aquela criatura imaginária flutuando em algum lugar no meio da página evolutiva entre o macaco e nós. O novo homem tornou-se o homem certo no momento certo, aquele que, "em seu soturno silêncio e mistério, demonstraria... o impensável: que os seres humanos eram animais".[30] Pressupôs-se que tivesse pouco ou nenhum poder de fala, que corresse como um babuíno e que caminhasse sobre a parte externa de seus pés. Mas, à medida que mais ossos eram desencavados e analisados, essa visão não conseguiu se sustentar. Dos esqueletos mais "simiescos" foi descoberto que sofriam de artrite, eram indivíduos seriamente deficientes que haviam evidentemente sido sustentados por sua comunidade durante anos. Também veio à tona a evidência de que aquele "povo horroroso" não apenas se preocupava com os seus doentes, mas também enterrava os seus mortos com ritos religiosos — com flores, ocre e chifres de animais —; era o primeiro povo na Terra de que se soube que fizesse isso. E por último, mas não menos importante, o cérebro neandertal revelou-se maior do que o nosso. Talvez o *Homo neandertalensis* não fosse, ao final das contas, tão bruto assim. Talvez ele devesse ser promovido a uma subespécie do homem moderno: *Homo sapiens neandertalensis* e, se assim fosse, as duas variantes poderiam, por definição, mesclar-se.[31]

Antes de que ambos começassem a se rivalizar na Europa, os cro-magnons viviam ao sul do Mediterrâneo e os neandertais ao norte. Naquela época, tal como hoje, o Oriente Médio era uma encruzilhada. Pontos de habitação naquela região turbulenta mostram ocupação tanto de neandertais quanto de cro-magnons, a começar por volta de 100 mil anos atrás. Não podemos dizer se chegaram a viver ali exatamente ao mesmo tempo, nem sequer se compartilharam a Terra Santa de maneira harmoniosa. Muito provavelmente o seu acordo era um tipo de alternância de turnos, segundo o qual os neandertais se moviam da Europa para o sul durante períodos especialmente frios da Era Glacial e os cro-magnons se moviam da África para o norte sempre que o clima esquentava. O que é mais interessante é que a cultura material dos dois grupos, tal como é mostrada por seus artefatos, foi idêntica ao longo de um período de mais de 50 mil anos. Os arqueólogos encontram dificuldades em responder se uma determinada caverna era ocupada por neandertais ou por cro-magnons caso um osso humano não seja encontrado junto às ferramentas. Tomo isso como uma forte evidência de que os dois grupos tinham capacidades mentais e lingüísticas muito semelhantes e que nenhum deles era mais primitivo ou "menos evoluído".

Nenhuma carne, pele ou cabelo neandertal veio à luz até hoje, de modo que não podemos dizer se esses indivíduos eram morenos ou louros, cabeludos como Esaú ou imberbes como Jacó. Também não sabemos muito sobre a aparência externa dos cro-magnons, embora os estudos genéticos sugiram que a maior parte dos modernos europeus descenda deles.[32] Conhecemos esses povos apenas através de seus ossos. Ambos tinham mais ou menos a mesma altura, algo entre 1,50 a 1,85 metro, com a usual variação entre os sexos. No entanto um deles era estruturado para a força, enquanto o outro era para a velocidade. O neandertal era troncudo e musculoso, como um halterofilista ou um lutador profissional. O cro-magnon era mais frágil e delicado, com uma figura mais próxima do atleta do que do fisicultor. É difícil saber até que ponto essas eram diferenças inatas ou o quanto refletiam o hábitat e o estilo de vida. Em 1939, o antropólogo Carleton Coon realizou uma interessante reconstrução de um neandertal, fazendo-o asseado, barbeado e vestido de terno, gravata e chapéu. Aquele homem, notou Coon, poderia passar despercebido no metrô de Nova York.

Como sugerem essas analogias, a variação entre os esqueletos neandertal e cro-magnon não escapa muito à gama dos humanos modernos. Colocados lado a lado, os restos mortais de Arnold Schwarzenegger e Woody Allen podem apresentar um contraste semelhante. O crânio, contudo, é uma outra questão. O chamado neandertal clássico (um termo impróprio devido à sua auto-referência, baseada nos exemplos mais proeminentes) tinha um crânio longo e baixo, com sulcos profundos nas sobrancelhas e uma saliência óssea ao longo da nuca, o "coque" neandertal. O maxilar era robusto, com dentes fortes e um queixo arredondado, o nariz era largo e presumivelmente chato. À primeira vista, a figura parece arcaica, muito semelhante à arquitetura do *Homo erectus*. Porém — como já foi notado — o cérebro neandertal era em média maior do que o do cro-magnon. O passageiro do metrô de Coon tinha um crânio robusto, mas não necessariamente uma cabeça robusta.

Isso me leva a concluir que as características supostamente arcaicas do neandertal eram na verdade uma camada superficial de adaptações ao clima frio em uma estrutura essencialmente ligada ao homem moderno.[33] As frontes altas dos povos modernos podem se resfriar a ponto de danificar o cérebro, ao passo que o ar gelado pode congelar os pulmões. O cérebro neandertal era protegido pelas sobrancelhas maciças e pela arcada baixa, conquanto espaçosa. O ar que entrava nos pulmões do neandertal era aquecido pelo seu nariz largo e todo o rosto tinha uma melhor irrigação sangüínea. Pessoas atarracadas e musculosas não perdem calor corpóreo tão rapidamente quanto as pessoas esguias. Sinais de adaptações similares (ao menos quanto à forma do corpo) podem ser vistos dentre os esquimós, os andinos e os himalaios modernos — e isso depois de apenas alguns milhares de anos de convivência com o frio intenso, pouco se comparado com os 100 mil anos durante os quais os neandertais europeus conseguiram sobreviver na linha de frente da Era Glacial.

Tudo parecia ir muito bem para eles até que os cro-magnons começaram a sair do Oriente Médio em direção ao norte e ao oeste, há cerca de 40 mil anos. Até então, o frio havia sido o grande aliado dos neandertais, sempre, como o inverno russo, rechaçando os invasores. Mas dessa vez os cro-magnons vieram para ficar. A invasão parece ter coincidido com a instabilidade climática ligada a mudanças súbitas nas correntes oceânicas, o que causou o congelamento e o degelo do Atlântico norte em uma alternância de períodos muito curtos, que podem ter sido de apenas uma década.[34] Tais mudanças abruptas — tão graves quanto as piores previsões que temos hoje em relação ao aquecimento global — teriam devastado as comunidades animais e vegetais das quais dependiam os neandertais. Sabemos que eles se alimentavam muito de carne de caças grandes obtidas por meio de emboscadas — as fraturas nos seus ossos são similares às apresentadas por caubóis de rodeio, mostrando o quanto se aproximavam da vítima para matá-la. Sabemos também que não eram habitualmente nômades, que ocupavam as mesmas cavernas e vales durante todo o ano. Os seres humanos em geral são conhecidos como uma "espécie predadora", que floresce em ambientes fragmentados; no entanto, desses dois grupos, os neandertais eram os mais enraizados. Os cro-magnons eram a erva daninha. A mudança climática tornaria a vida difícil para todos, naturalmente; porém, as condições instáveis seriam a gota d'água para os fisicamente menos especializados, mais fracos no confronto próximo, porém mais ágeis.

Durante a infância, lembro de ter visto uma charge — creio ter sido na revista *Punch* — que mostrava três ou quatro pequenas crianças neandertais diante de um penhasco atormentando o pai: "Papai, papai! Podemos ir jogar pedras nos cro-magnons hoje?" Por cerca de dez milênios, de 40 mil a 30 mil anos atrás, os últimos neandertais e os primeiros cro-magnons provavelmente jogaram pedras uns nos outros, para não falar das fogueiras apagadas, da caça roubada e talvez das mulheres e crianças seqüestradas. Ao final dessa batalha inimaginavelmente longa, a Europa e todo o mundo passaram a pertencer ao nosso gênero e o neandertal "clássico" desapareceu para sempre. Mas o que de fato aconteceu? Será que a linhagem neandertal foi dizimada? Ou será que foi assimilada em um certo nível?

A luta de 10 mil anos foi tão gradual que ela pode quase não ter sido perceptível — uma guerra intermitente, inconclusa, com territórios perdidos e ganhos em um ritmo de uns poucos quilômetros por toda uma vida. Não obstante, como em todas as guerras, surgiram inovações. Novas ferramentas e armas apareceram, novos vestuários e rituais, os primórdios das pinturas rupestres (uma forma de arte que alcançaria o seu ápice durante o último grande momento da Era Glacial, depois que os neandertais clássicos já tinham desaparecido). Também sabemos que o contato cultural influenciou os dois lados. Sítios neandertais tardios na França indicam mudanças e adaptações a um ritmo jamais visto antes.[35] Àquela altura, perto do fim, as implicações da guerra devem ter se tornado horrivelmente claras. Parece que os últimos grupos de neandertais ocuparam as montanhas do norte da Espanha e da Iugoslávia, compelidos, como os apaches, a terrenos cada vez mais áridos.

Se o quadro que esbocei sobre a guerra guarda qualquer fidedignidade, então nos confrontamos com algumas conclusões desagradáveis. É isso o que faz do debate sobre os neandertais algo tão emotivo: não se trata apenas de povos antigos, mas de nós mesmos. Se chegamos à conclusão que os neandertais desapareceram por terem chegado a um ponto final evolutivo, podemos meramente dar de ombros e acusar a seleção natural pelo seu destino. Porém, se eles eram de fato uma variante ou uma raça do homem moderno, então temos que admitir que a sua morte pode ter sido o primeiro genocídio. Ou pior, *não* o primeiro — mas simplesmente o primeiro do qual restaram evidências. Disso pode se concluir que somos descendentes de um milhão de anos de vitórias impiedosas, geneticamente predispostos, pelos pecados de nossos pais, a fazer tudo novamente do mesmo modo. Como escreveu o antropólogo Milford Wolpoff sobre esse período: "Não se pode imaginar uma população humana substituindo outra a não ser por meio da violência."[36] Não, não se pode — especialmente na terra manchada de sangue da Europa, entre os presságios de uma dissolução final da Idade da Pedra e o massacre do rio Somme.

No esteio da Segunda Guerra Mundial, William Golding analisou o genocídio antigo em seu extraordinário romance *Os herdeiros*. Com uma audácia maravilhosa, Golding leva o leitor ao interior das mentes de um grupo anônimo de seres humanos primordiais. A epígrafe do livro, de Wells, invoca os neandertais, embora as especificidades antropológicas se encaixem melhor em estágios muito anteriores da humanidade. Os personagens de Golding são habitantes de florestas, gentis, ingênuos e simiescos. Eles não comem carne, à exceção dos restos deixados por grandes predadores, são verbalmente pobres, usam tanto a telepatia quanto a linguagem, dominam o fogo, mas poucas armas, e nunca suspeitaram que houvesse alguém mais no mundo além deles mesmos.

Contudo, pouco importam os anacronismos de Golding: seus personagens podem não se encaixar em qualquer grupo particular de ossos de um passado real, mas representam muitos deles. Ao longo de uns poucos dias de primavera, os habitantes da floresta são invadidos pela primeira vez por um povo como nós, que, com barcos, fogueiras, arcos, vozes roucas, desmatamento por atacado e orgias embriagadas, desconcerta e fascina os "demônios da floresta", mesmo ao matá-los um por um. Ao final, apenas um recém-nascido sobrevive, mantido por uma mulher que, tendo perdido o próprio filho, usa-o para drenar o leite dos seios. Os invasores então avançam no interior do novo território e o seu líder planeja mais assassinatos — assassinatos agora entre eles mesmos — enquanto afia uma arma, "um ponto contra a escuridão do mundo".

Golding não tinha dúvidas de que os impiedosos eram os vencedores da pré-história, mas uma outra questão levantada por ele ainda está sem resposta: Corre algum sangue neandertal nos seres humanos modernos? Qual é a probabilidade de que, durante 10 mil anos de interação, não tenha havido sexo, mesmo que não consentido? E se houve sexo, houve crianças? Os estudos sobre o DNA dos neandertais ainda são inconclusivos.[37] Todavia, o esqueleto de uma criança encontrada recentemente em Portugal sugere com ênfase a miscigenação, o mesmo acontecendo como alguns ossos da Croácia e de alguns pontos dos Bálcãs.[38]

Eu também tenho evidências pessoais de que os genes neandertais ainda estão em nós. Alguns povos modernos têm sulcos reveladores em suas cabeças.[39] Por acaso eu tenho um — uma protuberância ao longo da parte traseira do crânio que parece e dá a impressão de um coque neandertal. Assim, até que novas descobertas sejam feitas para solucionar a questão, prefiro acreditar que o sangue neandertal ainda flui, por mais tênue que seja, na época dos cro-magnons.[40]

Apesar dos muitos detalhes de nossos ancestrais que ainda aguardam por serem lapidados, o século XX *respondeu* amplamente às primeiras duas perguntas de Gauguin. Não há espaço para a dúvida racional quanto ao **fato de** sermos macacos e de, não importando qual tenha sido a nossa trajetória exata ao longo do tempo, sermos, em última análise, provenientes da África. Mas, diferentemente dos outros macacos, nós tramamos, e estamos mais do que nunca tramando, o nosso destino. Já há muito tempo não há algo como aquele bom selvagem do Iluminismo que Gauguin tanto buscava, o homem natural. Tal como aqueles neandertais com artrite, que eram cuidados por suas famílias, não podemos viver sem as nossas culturas. Encontramo-nos com o realizador da "obra de arte" de que falava Hamlet — somos nós.

II

A GRANDE EXPERIÊNCIA

ALGUÉM MUITO AFEITO a absurdos lógicos certa vez definiu os especialistas como "pessoas que sabem cada vez mais sobre cada vez menos, até saberem tudo sobre nada". Muitos animais são altamente especializados, os seus corpos são adaptados a nichos ecológicos e modos de vida específicos. A especialização traz recompensas a curto prazo, mas pode levar, a longo prazo, a um ponto final evolutivo. Quando as presas do tigre dentes-de-sabre morreram, ele também morreu.

O animal humano moderno — o nosso ser físico — é um generalista. Não temos presas, garras ou veneno em nossos corpos. Em vez disso, elaboramos ferramentas e armas — facas, lanças e dardos envenenados. Invenções elementares, tais como o vestuário para aquecimento e a embarcação simples, nos permitiram percorrer todo o planeta antes do final da última Era Glacial.[1] A nossa especialização é o cérebro. A flexibilidade das interações do cérebro com a natureza, por meio da cultura, tem sido a chave de nosso sucesso. As culturas são capazes de se adaptar muito mais rapidamente do que os genes a novas ameaças e necessidades.

Porém, como sugeri no capítulo anterior, há ainda um risco. Conforme as culturas se tornam mais elaboradas e as tecnologias mais poderosas, essas especializações podem se tornar um fardo — vulneráveis e, em casos extremos, mortais. A bomba atômica, uma progressão lógica do arco e da bala, tornou-se a primeira tecnologia a ameaçar todas as espécies de extinção. Isso é o que chamo de uma "armadilha do progresso". No entanto, tecnologias muito mais simples também seduziram e arruinaram sociedades no passado, até mesmo na Idade da Pedra.

No capítulo anterior, retomei as três perguntas propostas por Paul Gauguin em sua grande pintura de 1897 intitulada *"De onde viemos? O que somos? Para onde vamos?"*. De um ponto de vista prático, a antropologia respondeu às duas primeiras: sabemos agora que somos os descendentes remotos dos macacos que viveram na África há cerca de cinco milhões de anos. Os macacos modernos, que também descendem do mesmo tronco, são parentes, não ancestrais. A nossa principal diferença em relação aos chimpanzés e aos gorilas é que, ao longo dos últimos três milhões de anos, temos sido moldados cada vez menos pela natureza e cada vez mais pela cultura, em suma, nos tornamos criaturas experimentais a partir de nossa própria realização.

Essa experiência nunca foi tentada anteriormente e nós, os seus autores inadvertidos, nunca chegamos a controlá-la. A experiência agora avança muito rapidamente e em uma escala colossal. Desde o início do século XIX, a população mundial se multiplicou por quatro e a sua economia — uma inexata unidade de medida da carga humana sobre a natureza — por mais de quarenta. Alcançamos um estágio em que temos que trazer a experiência de volta ao controle racional e nos resguardar contra perigos presentes e potenciais. Isso depende inteiramente de nós. Se fracassarmos — se explodirmos ou degradarmos a biosfera de modo a que ela não possa mais nos sustentar —, a natureza nos será indiferente e concluirá que foi divertido, durante um certo período, deixar os macacos controlarem o laboratório, mas que, por fim, isso se tornou uma má idéia.

Nós já causamos tantas extinções que o nosso domínio sobre a Terra há de parecer, em um registro fóssil, algo como o impacto de um asteróide. Até aqui, somos apenas um pequeno asteróide em comparação com aquele que exterminou os dinossauros.[2] Porém, se as extinções prosseguirem por muito mais tempo, ou se nós liberarmos as armas de destruição em massa — refiro-me àquelas verdadeiras, mantidas em enormes reservas pelas grandes potências —, então a próxima camada de fósseis com certeza revelará um hiato ainda maior na vida deste planeta.

Sugeri no capítulo anterior que a pré-história, assim como a História, nos conta que os povos gentis não venceram e que, na melhor das hipóteses, somos os herdeiros de muitas vitórias impiedosas e, na pior delas, somos os herdeiros do genocídio. Podemos muito bem ser os descendentes de seres humanos que constantemente exterminavam os seus rivais humanos — culminando na suspeita morte de nossos primos neandertais há cerca de 30 mil anos. Qualquer que seja a verdade desse acontecimento, ele marca o começo do alto período paleolítico — a última e a mais breve das três divisões da Antiga Idade da Pedra, cuja duração representa cerca de um centésimo do todo.

Neste capítulo pretendo analisar o que podemos deduzir dessa primeira armadilha do progresso — a perfeição da caça, que pôs fim à Antiga Idade da Pedra — e como a fuga dessa armadilha, por meio da invenção da agricultura, levou à nossa maior experiência: a civilização mundial. Temos, portanto, que fazer urgentemente a seguinte pergunta: será que a própria civilização pode ser uma outra armadilha, muito maior?

A Antiga Idade da Pedra começou por volta de três milhões de anos atrás, com as primeiras ferramentas grosseiras produzidas pelas primeiras feras grosseiras que davam os primeiros passos em direção à humanidade, e terminou apenas 12 mil anos depois, quando as grandes camadas de gelo se retiraram pela última vez para os pólos e as cordilheiras, onde desde então aguardam por uma próxima mudança climática. Em termos geológicos, três milhões de anos são apenas um piscar de olhos, um minuto em comparação com um dia inteiro de vida terrena. Entretanto, em termos humanos, a Antiga Idade da Pedra é um profundo abismo de tempo — mais de 99,5% de nossa existência — a partir do qual começamos a engatinhar até chegar, ontem mesmo, aos leitos macios da civilização.

Até mesmo a nossa subespécie moderna, *Homo sapiens sapiens*, é cerca de dez a vinte vezes mais velha do que a mais antiga civilização. Porém, medida como uma experiência humana subjetiva — como uma soma de vidas individuais —, mais pessoas viveram a vida civilizada do que qualquer outra.[3] A civilização não se aprofunda com o passar do tempo, ela se amplia, pois é tanto a causa quanto o efeito de uma explosão populacional que ainda não se estabilizou.

Devo deixar bem claro que estou definindo "civilização" e "cultura" de um modo técnico e antropológico. Por cultura entendo o todo dos conhecimentos, das crenças e das práticas de uma sociedade qualquer. Cultura é tudo: do vegetarianismo ao canibalismo; Beethoven, Botticelli e piercing; o que se faz no quarto, no banheiro e a igreja que se escolhe (no caso de a cultura permitir a escolha); além de toda a tecnologia, da lasca da pedra à fissura do átomo. As civilizações são um gênero específico de cultura: sociedades grandes e complexas baseadas na domesticação das plantas, dos animais e dos seres humanos.[4] As civilizações variam em sua composição, mas caracteristicamente elas possuem vilas, cidades, governos, classes sociais e profissões especializadas. Todas as civilizações são culturas ou conglomerados de culturas, mas nem todas as culturas são civilizações.

Os arqueólogos em geral concordam que as primeiras civilizações foram as da Suméria — ao sudeste da Mesopotâmia ou no que é hoje o Iraque — e do Egito, tendo ambas surgido por volta de 3000 a.C. Já em 1000 a.C. a civilização já dava a volta ao mundo, notadamente na Índia, na China, no México, no Peru e em partes da Europa.

Dos tempos antigos até hoje, os povos civilizados crêem comportar-se melhor, *ser* melhores, do que os chamados selvagens. No entanto, os valores morais atrelados à civilização são ilusórios: na maioria das vezes usados para justificar o ataque e o domínio sobre outras sociedades menos poderosas. No auge de seu imperialismo, os franceses sustentavam a sua "missão civilizadora", ao passo que os ingleses alegavam a "responsabilidade do homem branco" — cujo peso foi aliviado pelas armas automáticas. Como escreveu Hilaire Belloc, em 1898: "O que quer que aconteça, nós temos e eles não/armas e munição." Hoje em dia, Washington proclama conduzir e zelar pelo "mundo civilizado", uma tradição da retórica norte-americana que começou com a erradicação e o extermínio dos primeiros habitantes dos Estados Unidos.[5]

O circo romano, os sacrifícios astecas, as fogueiras da Inquisição, os campos de concentração nazistas — todos foram obras de sociedades altamente civilizadas.[6] Somente no século XX, pelo menos cem milhões de pessoas, em sua maioria civis, morreram em guerras.[7] Os selvagens nunca foram tão fundo. Frente aos portões do Coliseu e do campo de concentração, não tivemos outra chance a não ser abandonar a esperança de que a civilização seja, por si mesma, uma garantia do progresso moral.

Quando Mahatma Gandhi veio à Inglaterra na década de 1930 para discussões sobre a autonomia da Índia, um repórter lhe perguntou o que pensava da civilização ocidental. Gandhi, que acabara de visitar as favelas de Londres, respondeu: "Penso que essa seria uma ótima idéia."[8] Se por vezes pareço muito radical quanto à questão da civilização, isso é porque, como Gandhi, eu gostaria que ela realizasse a sua promessa e tivesse sucesso nisso. Prefiro viver em uma casa a viver em uma caverna. Gosto de belos edifícios e bons livros. Gosto de saber que sou um macaco, que o mundo é redondo, que o sol é uma estrela e que as estrelas são sóis — um conhecimento já consensual que levou milhares de anos para ser expurgado do "caos e da velha noite".[9] Apesar de todas as suas crueldades, a civilização é preciosa, uma experiência que vale a pena ser mantida. Mas ela é também precária: ao subirmos a ladeira do progresso, nos livramos dos suportes anteriores. Não há caminho de volta sem catástrofe. Aqueles que não gostam da civilização e mal podem esperar que a sua máscara arrogante caia devem ter em mente que não há outro modo de sustentar a humanidade em um estágio numérico e político como o nosso atual.[10]

A Antiga Idade da Pedra parece-nos hoje tão remota que raramente nos dedicamos a pensá-la, exceto talvez ao rirmos de uma caricatura de Gary Larson. Contudo ela terminou tão recentemente — um retrocesso de apenas seis vezes o período que vai de nós ao nascimento de Cristo e ao Império Romano —, que as grandes mudanças ocorridas desde que saímos da caverna têm sido todas culturais, não físicas. Uma espécie longeva como a nossa não pode evoluir de maneira significativa em um intervalo de tempo tão curto. Isso significa que, enquanto a cultura e a tecnologia são acumulativas, a inteligência inata não o é.[11]

Tal como o mote da piada do Dr. Johnson, que dizia que muito pode ser feito por um escocês se ele for capturado jovem, uma criança do Paleolítico tardio que fosse arrancada de sua tribo e educada entre nós hoje teria uma chance idêntica à nossa de obter um diploma em astrofísica ou em ciência da computação. Para usar uma analogia computacional, estamos usando um software do século XXI em um hardware cuja última atualização foi feita há pelo menos 50 mil anos. Isso pode explicar muitas das coisas que vemos no noticiário.

A própria cultura criou esse problema singularmente humano; em parte porque o crescimento cultural anda muito à frente da evolução e em parte porque, por um longo tempo, a massa acumulada de cultura tem impedido a seleção natural e colocado o destino em nossas mãos.

"Eu lhe direi o que é um homem" —, escreveu William Golding em seu romance de 1956, *Pincher Martin*, que, embora ambientado durante a Segunda Guerra Mundial, dá continuidade à reflexão iniciada em seu romance sobre a Idade da Pedra, *Os herdeiros*: "Ele é uma anomalia, um feto expelido, extirpado de seu desenvolvimento natural, lançado no mundo com uma cobertura de pele desnuda, sem espaço suficiente para os seus dentes e um crânio levemente abaulado, como uma bolha. Mas aí dentro a natureza está preparando um grande pudim..."[12]

No pudim de Golding se misturam vários ingredientes: genialidade e loucura, lógica e crença, instinto e alucinação, compaixão e crueldade, amor, ódio, sexo, arte, ganância — tudo leva à vida e à morte. No indivíduo, a reunião desses elementos é a personalidade; na sociedade, é a personalidade coletiva chamada de cultura. Com o passar do tempo, o pudim da cultura tem crescido cada vez mais. Nesse ínterim, muitos momentos de fermentação aconteceram, nos quais ele subitamente crescia, derramava e se espalhava por toda a cozinha.

O primeiro desses momentos foi o domínio do fogo pelo *Homo erectus*, algo que pendeu dramaticamente a balança da sobrevivência a nosso favor. O momento seguinte, meio milhão de anos depois, foi o aperfeiçoamento da caça atingida pelos cro-magnons, pouco tempo depois de terem removido os neandertais. Novas armas foram produzidas: mais leves, mais precisas, de maior alcance, mais elegantes e mortais.[13] Adereços de contas, esculturas com ossos, instrumentos musicais e ritos funerais mais elaborados se tornaram comuns. Magníficas pinturas apareceram nas paredes das cavernas e nas superfícies das rochas, dotadas de um naturalismo vigoroso que não se repetiria mais antes do Renascimento.

Muitas dessas coisas já haviam sido feitas em uma escala menor pelos neandertais e pelos primeiros cro-magnons,[14] de modo que essa explosão de arte e tecnologia não pode (como reivindicam alguns) ser uma evidência de que nós tenhamos evoluído, subitamente, em uma nova espécie com novíssimos poderes cognitivos. Mas ela *é* uma evidência de um padrão cultural familiar: o lazer nascido de um acúmulo de comida. Os caçadores e coletores produziam mais do que a mera subsistência, proporcionando a si próprios tempo para pintar as paredes, produzir adereços e efígies, tocar música e dedicar-se a rituais religiosos. Pela primeira vez, as pessoas estavam ricas.

Para estabelecer uma analogia grosseira entre duas eras desconexas, de duração e complexidade diferentes, há certas semelhanças entre esse apocalipse da Antiga Idade da Pedra e o último meio milênio de "descobertas" e conquistas ocidentais. Desde 1492 d.C., um tipo de civilização — a européia — tem destruído e removido todas as outras, expandindo-se e recriando-se nesse processo como uma força industrial (uma questão à qual retornarei em um capítulo posterior). Durante o Paleolítico Superior, um tipo de ser humano — o cro-magnon ou *Homo sapiens*[15] — se multiplicou e se espalhou pelo mundo, matando, removendo ou absorvendo todas as outras variantes de homem, penetrando, com isso, em novos mundos nunca dantes pisados por um pé humano.

Há pelo menos 15 mil anos — muito antes do deslocamento das camadas de gelo — o gênero humano se estabeleceu em todos os continentes à exceção da Antártica. Tal como a expansão mundial européia, essa onda préhistórica de descobertas e migrações teve profundas conseqüências ecológicas. Pouco depois de o homem aparecer em terras novas, as presas de grande porte começaram a desaparecer. Os mamutes e rinocerontes peludos se refugiaram ao norte para depois se extinguirem na Europa e na Ásia. Um canguru gigante, outros marsupiais e uma tartaruga do tamanho de um Volkswagen desapareceram da Austrália. Camelos, mamutes, bisões gigantes, preguiças gigantes e cavalos foram dizimados por todas as Américas.[16] Um mau cheiro de extinção segue o *Homo sapiens* por todo o mundo.

Nem todos os especialistas concordam que os nossos ancestrais tenham sido os únicos culpados. Os nossos defensores argumentam que caçamos durante milhões de anos ou mais na África, na Ásia e na Europa, sem que, com isso, tudo fosse extinto; também que muitas dessas extinções coincidem com convulsões climáticas e que o fim da Era Glacial pode ter sido algo tão abrupto que os grandes animais não foram capazes de se adaptar ou migrar. Essas são boas objeções e seria uma tolice descartá-las por completo. No entanto, a evidência contrária aos nossos ancestrais é, penso eu, esmagadoramente maior. Sem dúvida os animais estavam estressados pelo derretimento do gelo, mas eles já tinham sobrevivido anteriormente a muitos aquecimentos semelhantes. Também é verdade que povos anteriores — os *Homo erectus*, os neandertais e os primeiros *Homo sapiens* — caçaram animais de grande porte sem ter com isso os exterminado. Porém, os povos do Paleolítico Superior eram mais bem equipados e muito mais numerosos do que os seus antecessores, além de matarem em uma escala muito maior.[17] Alguns dos sítios de seus abatedouros têm tamanho praticamente industrial: mil mamutes em um deles, mais de 100 mil cavalos em outro.[18] "Os neandertais eram certamente habilidosos e corajosos na perseguição", escreveu o antropólogo William Howells em 1960, "mas eles nunca deixaram um cemitério tão grande quanto este."[19] Essa moral ecológica foi ressaltada mais recentemente por Ian Tattersall. "Como nós", diz ele, "os cro-magnons devem ter tido um lado mais sombrio."[20]

Em terrenos escarpados, esses caçadores implacáveis levavam rebanhos inteiros para os precipícios, deixando pilhas de animais a apodrecer; uma prática que continuou ao longo dos tempos históricos em locais como o Head-Smashed-In Buffalo Jump, em Alberta. Para a sorte dos bisões, os precipícios eram raros nas grandes planícies. Já para as armas do homem branco não houve limite, e elas reduziram tanto os búfalos quanto os índios praticamente à extinção em poucas décadas do século XIX. "Os rebanhos corcovados dos búfalos", escreveu Herman Melville, "há não mais do que quarenta anos, espalhavam-se às dezenas de milhares nas pradarias de Illinois e do Missouri... onde agora um cordial corretor lhe vende terras por um dólar a polegada."[21] Terras a um dólar a polegada: *isso* sim é civilização.

Caçadores e coletores modernos — os "habitantes das florestas" na Amazônia, na Austrália, os aborígines, os inuits e os kalaharis — são sábios administradores de sua ecologia, limitando o seu próprio número e mantendo prudência em relação à terra.[22] Freqüentemente se pressupõe que os antigos caçadores teriam sido igualmente sábios, porém a evidência não sustenta essa visão. A caçada paleolítica era o modo de vida corrente, realizada nos mais ricos meios ambientes de uma Terra aparentemente sem fronteiras. Pelo que os pródigos restos nos permitem inferir, ela foi feita com o otimismo de um investidor da bolsa, que conta que sempre haja uma outra grande matança do outro lado da colina. Nas últimas e mais bem documentadas extinções em massa — o desaparecimento de pássaros não-voadores e outros animais na Nova Zelândia e em Madagascar — não há margem a dúvidas de que as populações foram as responsáveis.[23] O biólogo australiano Tim Flannery chamou os seres humanos de "comedores-de-futuro". Cada extermínio é a morte de uma possibilidade.[24]

Desse modo, dentre as coisas que precisamos saber sobre nós mesmos está que o período do Paleolítico Superior, que pode muito bem ter começado com um genocídio, terminou com um churrasco de tudo o que se pode matar na vida selvagem. A *perfeição* da caça teve como conseqüência o *fim* da caça como um modo de vida. A carne fácil significou mais bebês. Mais bebês significou mais caçadores. Mais caçadores significou, mais cedo ou mais tarde, menos caça. A maior parte das grandes migrações humanas pelo mundo nesse período foi provavelmente motivada pela necessidade, por termos exaurido a terra com os nossos banquetes móveis.

A arqueologia da Europa Ocidental durante o último milênio do Paleolítico mostra a decadência do grandioso estilo de vida dos cro-magnons. As suas pinturas rupestres tornam-se inconstantes e acabam por se interromper. As esculturas e os entalhamentos tornam-se raros. As lâminas de sílex diminuem cada vez mais em tamanho. Em vez de matar mamutes eles passam a atirar em coelhos.

Em um ensaio da década de 1930, chamado "Em prol dos povos canhestros", o irreverente escritor tcheco Karel Çapek observou: "O homem deixou de ser um mero caçador quando passaram a nascer indivíduos que eram caçadores ruins." Tal como alguém certa vez disse acerca da música de Wagner, a observação de Çapel é melhor do que ela soa. Os caçadores ao final da Antiga Idade da Pedra certamente não eram canhestros, mas eram ruins, porque quebraram a regra número um de um parasita prudente: *Não mate o seu hospedeiro*. Ao levarem à extinção inúmeras espécies, caíram na primeira armadilha do progresso.

Alguns de seus descendentes — as sociedades caçadoras e coletoras que sobreviveram até os tempos recentes — aprenderiam, na escola dos duros golpes, a se conter. Porém o resto de nós encontrou um novo modo de aumentar as apostas: a grande mudança posteriormente conhecida como agricultura ou "revolução" neolítica.

Dentre os caçadores sempre houve um grande número de não-caçadores: os coletores — em sua maioria mulheres e crianças, supomos nós, eram responsáveis pelos frutos e vegetais silvestres da dieta de uma caverna bem administrada. A sua contribuição para o provimento de comida tornou-se cada vez mais importante à medida que as presas morriam.

Os povos daquele período breve e abrupto conhecido como Mesolítico, ou Idade da Pedra Média, tentaram de tudo: viver em estuários e pântanos, acampar nas praias, arrancar raízes e ceifar a relva selvagem em busca de pequenas sementes, prática essa com enormes implicações. Tão ricas eram algumas dessas relvas, e tão laboriosa e intensiva era a sua exploração, que vilarejos fixos apareceram em áreas-chave *antes* da agricultura.[25] Os coletores começaram a notar que as sementes acidentalmente espalhadas ou incrustadas brotavam no ano seguinte. Eles passaram a influenciar esse resultado ao cultivar e ampliar áreas selvagens, plantando as sementes mais produtivas e mais facilmente colhidas.

Tais experiências levariam, por fim, à agricultura em sentido estrito e à quase total dependência de algumas monótonas matérias-primas, mas isso se deu muitos milhares de anos depois; no primeiro período, os cultores de plantas eram ainda basicamente coletores, que exploravam uma grande variedade de flora, assim como qualquer caça selvagem ou peixe que conseguissem encontrar. Em Monte Verde, no Chile, por exemplo, um vilarejo fixo de cabanas de madeira retangulares estabeleceu-se há cerca de 13 mil anos, sustentado pela caça de camelídeos, pequenos animais e do logo depois mastodonte; porém, os restos ali encontrados incluem muitos vegetais selvagens, além de cascas de batatas.[26] Embora Monte Verde seja um dos mais antigos sítios humanos em todas as Américas, ele indica um conhecimento maduro e íntimo das plantas locais, muitas das quais se tornariam, posteriormente, as lavouras fundamentais da civilização andina.

Assim como o acúmulo de pequenas mudanças que nos separou dos outros grandes macacos, a Revolução Agrícola foi uma experiência inconsciente, gradual demais para que os seus precursores estivessem cientes dela, e muito menos fossem capazes de prever no que poderia resultar. Porém, em comparação com todos os outros desenvolvimentos anteriores, ela aconteceu em uma velocidade vertiginosa.

Algo extremamente importante, pelo que isso nos revela sobre nós mesmos, é que não houve uma única revolução, mas muitas. Em todos os continentes, à exceção da Austrália, as experiências agrícolas começaram pouco tempo depois de o império do gelo perder o seu domínio.[27] Livros mais antigos (e alguns mais recentes[28]) enfatizam a importância do Oriente Médio ou do Crescente Fértil, que naqueles tempos se estendia da costa do Mediterrâneo ao platô da Anatólia e às planícies aluviais do Iraque: todas as civilizações baseadas no pão derivam os seus principais produtos dessa área, que nos deu o trigo, a cevada, os ovinos e os caprinos.

Hoje é claro que o Oriente Médio foi apenas uma de pelo menos quatro grandes regiões do mundo nas quais a agricultura se desenvolveu independentemente e mais ou menos simultaneamente. As outras três são o Extremo Oriente, onde o arroz e o milho-miúdo se tornaram os produtos básicos; a Mesoamérica (o México e partes vizinhas da América Central), cujas civilizações eram baseadas no milho, no feijão, na abóbora, no amaranto e no tomate; e a região andina da América do Sul, que desenvolveu muitas espécies de batata, outros tubérculos, abóbora, algodão, amendoim e grãos altamente protéicos como a quinoa.[29] Em todas essas áreas, a domesticação da lavoura aparece entre 8 mil e 10 mil anos atrás.[30] Além dessas quatro grandes regiões, há cerca de uma dúzia de áreas menos relevantes ao redor do mundo, incluindo o sudoeste tropical da Ásia, a Etiópia, a Amazônia e o leste da América do Norte, que nos deram, respectivamente, a banana, o café, a mandioca e o girassol.[31] Povos sem contato entre si por vezes desenvolveram as mesmas plantas: o algodão e o amendoim têm, cada um, dois gêneros, desenvolvidos simultaneamente no Novo e no Velho Mundo.

A domesticação animal é mais difícil de ser documentada, porém, aproximadamente no mesmo momento em que os povos estavam desenvolvendo a agricultura, eles aprenderam que certos herbívoros e pássaros poderiam ser perseguidos, encurralados e abatidos em um ritmo sustentável. Ao longo de gerações, esses animais se tornaram domados o suficiente, suficientemente subjugados, para não se importar com o assassino em série bípede que sempre se mantinha em seu encalço. A caça se tornou pastoreio, assim como a coleta acabou por se transformar em lavoura.

Os ovinos e os caprinos foram os primeiros a ser realmente domesticados no Oriente Médio, algo que começou em cerca de 8000 a.C. Os camelídeos domésticos — formas primitivas da lhama e da alpaca, usadas para o transporte de carga e para a extração de lã, além da obtenção de carne — apareceram no Peru aproximadamente em 6000 a.c., por volta do mesmo momento que o gado na Eurásia, muito embora nem os camelídeos nem o gado tenham sido ordenhados. Os macacos e os cavalos foram domados em cerca de 4000 a.c. Criaturas mais astutas como os cachorros, os porcos e os gatos havia muito tempo rondavam os povoados humanos em troca de restos, sobras e da profusão de ratos atraída pelos celeiros. Os cães, que podem ter sido domesticados para a caça desde o Paleolítico, são encontrados junto a grupos humanos por todo o mundo. No clima frio, por vezes eram usados como aquecedores de leitos. Em locais como a Coréia e o México, raças especiais eram criadas para a carne. A galinha começou a sua triste marcha até o estômago do coronel Sanders como uma ave asiática selvagem, maravilhosamente emplumada, ao passo que o México domesticava o peru. Juntamente com a lhama e a alpaca, os peruanos mantinham patos e os pequenos, mas prolíficos, porquinhos-da-índia — que chegaram até a fazer uma sutil aparição no menu da última ceia de Cristo em uma pintura colonial.[32]

Podemos deduzir do consumo de porquinhos-da-índia e de chiuauas que as Américas eram menos dotadas de animais domesticáveis do que o Velho Mundo. No entanto, o Novo Mundo compensou essa diferença com o desenvolvimento de uma variedade mais ampla e mais produtiva de plantas. Somente o Peru tinha cerca de quarenta espécies principais.[33] Tais plantas acabaram por sustentar enormes cidades nativas das Américas e muitas delas transformariam a nutrição e a economia do Velho Mundo quando lá introduzidas — uma questão que discutirei no capítulo final.

Quanto mais previsível é a provisão de comida, maior é a população. À diferença dos saqueadores nômades, os povos sedentários tiveram poucos motivos para limitar o número de crianças, que eram úteis nas tarefas do campo e domésticas. A taxa de reprodução das mulheres tendia a subir, devido a níveis mais altos de gordura no corpo e ao desmame antecipado pela oferta de leite animal e de comida infantil à base de cereal. O número de agricultores rapidamente ultrapassou o de caçadores e coletores — que eram absorvidos, mortos ou conduzidos às vizinhanças "selvagens".

No começo do Paleolítico Superior, quando as nossas modernas subespécies surgiram, por meios justos ou perversos, como os herdeiros da Terra, talvez fôssemos em número, todos incluídos, a terça parte de um milhão.[34] Há cerca de 10 mil anos, às vésperas da agricultura e depois de tomar todos os continentes habitáveis, nos multiplicamos até cerca de três milhões, e há 5 mil anos, quando a agricultura se estabeleceu em todas as regiões principais e a civilização propriamente dita começou na Suméria e no Egito, devemos ter atingido cerca de 15 a 20 milhões de habitantes em todo o mundo.

Esses números são meramente um trabalho de adivinhação um pouco mais refinado, e tudo o mais que eu disse, obviamente, é uma simplificação. A transformação que conduziu à agricultura exclusiva levou milênios e os primeiros resultados nem sempre foram promissores, mesmo em uma zona central como o Oriente Médio. A Jericó do Neolítico era minúscula, com apenas cerca de quatro acres[35] em 8000 a.C. e lhe foram necessários outros 1.500 anos para alcançar a marca de dez acres.[36] O sítio turco de

Çatal Hüyük, o maior povoado do Crescente Fértil entre 7000 e 5500 a.c., abrangia apenas 0,13 quilômetro quadrado (ou 32 acres),[37] e os seus habitantes dependiam da fauna selvagem para a obtenção de grande parte da proteína de sua dieta. Como é hoje sabido por qualquer morador da área rural do Canadá, a caça continua entre os agricultores, seja por divertimento ou por finalidades práticas, e isso é particularmente válido em relação às Américas e às partes da Ásia em que os animais domésticos eram escassos. Não obstante, o ritmo de crescimento acelerou. Há cerca de 5 mil anos, a maioria dos seres humanos efetuou a transição entre a comida selvagem e a doméstica.

Quanto à magnitude de suas conseqüências, nenhuma outra invenção rivaliza com a agricultura (exceto, a partir de 1940, a invenção de armas que podem matar todos nós). A carreira humana divide-se em duas: tudo o que antecede à Revolução Neolítica e tudo o que a sucede. Embora as três Idades da Pedra — Antiga, Média e Nova — possam parecer pertencer a um só grupo, isso não é verdadeiro. A Nova Idade da Pedra tem muito mais em comum com épocas posteriores do que com os milhões de anos de ferramentas de pedra que a precederam. A Revolução Agrícola produziu um modo totalmente novo de subsistência, que permanece como a base da economia mundial até o presente. A tecnologia alimentar da última Idade da Pedra é precisamente a tecnologia sem a qual nós não podemos viver. As lavouras de cerca de uma dúzia de povos antigos alimentam hoje os seis bilhões de pessoas na Terra. Apesar de mais de dois séculos de desenvolvimento científico de sementes, da chamada revolução verde da década de 1960 e da engenharia genética da década de 1990, nenhum único novo produto foi acrescentado ao nosso repertório de lavouras desde os tempos pré-históricos. Embora a Nova Idade da Pedra tenha, ao final, originado o trabalho em metal em muitas partes do mundo e a Revolução Industrial na Europa, essas foram elaborações sobre o mesmo tema e não uma alteração fundamental na subsistência. O vilarejo neolítico era muito parecido com um vilarejo da Era do Bronze ou do Ferro — ou, em certo sentido, com um vilarejo moderno no Terceiro Mundo.

O esquema arqueológico vitoriano de classificar os estágios do desenvolvimento humano segundo os materiais das ferramentas torna-se inútil a partir do Neolítico. Ele pode ter um certo mérito na Europa, onde a tecnologia foi freqüentemente ligada a mudanças sociais, mas ajuda pouco na compreensão do que aconteceu com locais onde uma escassez de coisas que a nossa cultura tecnocêntrica considera como básicas — o metal, o arado, a roda etc. — foi engenhosamente solucionada, ou onde, ao contrário, a sua presença foi indiferente.[38] Por exemplo, a Mesopotâmia inventou a roda por volta de 4000 a.C., mas o seu vizinho próximo, o Egito, não precisou de rodas durante os dois mil anos subseqüentes. O período clássico maia, uma civilização letrada que rivalizava com a Europa clássica em termos de matemática e astronomia, usou tão pouco os metais que, tecnicamente, deveriam ser classificados como sendo da Idade da Pedra.[39] Em contrapartida, a África ao sul do Saara dominava o trabalho em ferro por volta de 500 a.C. (tão cedo quanto a China) e mesmo assim nunca desenvolveu uma civilização completa.[40] Os incas do Peru, onde o trabalho em metal começou por volta de 1.500 a.c., criaram um dos maiores e mais rigorosamente administrados impérios do mundo, contudo, provavelmente o fizeram sem a escrita, tal como a conhecemos (embora haja cada vez mais evidências de que o seu sistema quipu era de fato uma forma de escrita).[41] O Japão produziu cerâmica muito tempo antes de qualquer outro povo — há mais de 12 mil anos —, no entanto, o cultivo do arroz e a civilização propriamente dita não apareceram por lá nos 10 mil anos seguintes, depois do que foram indiscriminadamente adotados segundo modelos chineses e coreanos. Os japoneses não trabalharam com o bronze antes de 500 a.c., mas se tornaram famosos no século XVI pelas espadas de aço. Nesse mesmo momento, adquiriram armas de fogo européias, para depois abandoná-las por mais trezentos anos.

Devemos, portanto, ser cautelosos quanto ao determinismo tecnológico, pois ele tende a subestimar fatores culturais e a reduzir questões complexas de adaptação humana a fórmulas simplistas do tipo "se nós somos os vencedores da história, então por que os outros não fizeram o que fizemos?". Chamamos a agricultura e a civilização de "invenções" ou "experiências" porque é o que parecem ser em retrospecto. Mas elas começaram acidentalmente, como uma série de passos sinuosos ao longo de um caminho que, para a maioria dos povos, levava a vidas de monotonia e labuta. A agricultura alcançou a quantidade à custa da qualidade: mais comida e mais pessoas, mas raramente uma melhor nutrição ou vidas melhores. Os povos desistiram de uma ampla variedade de comidas selvagens em nome de uma porção de raízes e folhas —

trigo, cevada, arroz, batata, milho. Ao domesticarmos as plantas, as plantas nos domesticaram. Sem nós, elas morrem; sem elas, nós morremos. Não há escapatória da agricultura exceto a fome em massa, algo a que, em todo caso, volta e meia somos levados pela seca e pelas pragas. A maioria dos povos, ao longo da maior parte do tempo, viveu no limiar da fome — e boa parte do mundo ainda vive.[42]

Nas sociedades de caça e coleta (com exceção de alguns casos especiais), a estrutura social era mais ou menos igualitária, com apenas leves diferenças de riqueza e poder entre os maiores e os menores. A liderança era ou difusa, uma questão de consenso, ou algo conquistado pelo mérito e pelo exemplo. O caçador de sucesso não se sentava ao lado de sua presa e se empanturrava no próprio local do abate; ele compartilhava a carne e com isso ganhava prestígio. Se um líder se tornasse autoritário ou se uma minoria discordasse da decisão da maioria, era possível partir. Em um mundo ainda não abarrotado de gente e sem fronteiras fixas ou propriedades privadas, era fácil mostrar desaprovação.

Os primeiros vilarejos e aldeias que surgiram depois da última Era Glacial nas cerca de 12 áreas agrícolas principais em todo o mundo parecem ter dado continuidade a esses procedimentos despreocupados durante um certo tempo. Em sua maior parte tratava-se de pequenas comunidades de camponeses nas quais todos trabalhavam em tarefas semelhantes e tinham um padrão de vida comparável.[43] A terra era ou uma propriedade comum ou uma posse exclusiva dos deuses. Os agricultores cujos esforços e habilidades tornavam-nos mais ricos tinham a obrigação de dividir com os necessitados, a quem eram ligados por parentesco.

Gradualmente, entretanto, as diferenças de riqueza e poder foram se infiltrando. A liberdade e a oportunidade social diminuíam à medida que as populações aumentavam e as fronteiras se enrijeciam entre os grupos. Esse modelo apareceu pela primeira vez nos vilarejos neolíticos do Oriente Médio e teve recorrências por todo o mundo. Os primeiros agricultores às margens do Danúbio, por exemplo, deixaram apenas ferramentas em seus restos; povoados posteriores são altamente fortificados e repletos de armas. Aqui, disse o grande arqueólogo australiano Gordon Childe, "quase podemos ver o estado de guerra de todos contra todos à medida que... a terra se torna escassa".[44] Ao escrever essas palavras em 1942, durante a política expansionista do *Lebensraum* de Hitler,[45] Childe não precisou ressaltar quão pouco o mundo havia mudado desde a Idade da Pedra.

O patriotismo pode de fato ser, como disse o Dr. Johnson, "o último refúgio de um canalha", mas é também o primeiro recurso de um tirano. As pessoas que têm medo de estrangeiros são facilmente manipuláveis. A casta guerreira, supostamente os protetores da sociedade, freqüentemente se transforma no chantagista da proteção. Em tempos de guerra ou crise, o poder é facilmente roubado de muitos por poucos mediante a promessa da segurança. Quanto mais ilusório ou imaginário for o inimigo, melhor para que se forje o consenso. A Inquisição fez um tremendo negócio com o Demônio[46], e a luta entre o capitalismo e o comunismo no século XX teve todas as marcas de autenticidade das antigas guerras religiosas. Será que defender um dos dois sistemas valeria *realmente* o risco de se explodir o mundo?

Neste momento nós estamos perdendo liberdades conquistadas a duras penas sob o pretexto de uma "guerra mundial contra o terror", como se o terrorismo fosse algo novo (aqueles que pensam assim deveriam ler *O agente secreto*, um romance escrito por Joseph Conrad há cem anos, no qual homens-bomba anarquistas e suicidas perambulam por Londres usando explosivos[47]). O fanático muçulmano se revela uma substituição meritória do herético, do anarquista e especialmente da Ameaça Vermelha, tão úteis aos propósitos militares ao longo da Guerra Fria.

A Revolução Neolítica parece ter sido inevitável, ou quase, onde quer que se encontrem os seus pré-requisitos. Se a descoberta da agricultura teve início a partir de uma aleatória combinação de circunstâncias, seria de esperar que ela acontecesse apenas em um local particular e que se espalhasse a partir daí, ou ainda que acontecesse muito raramente e em momentos muito diferentes. Até o Paleolítico Superior (ou um pouco antes disso[48]), a natureza manteve todos os macacos enxeridos em um único grande laboratório, o Velho Mundo. Todavia, uma vez que os macacos fugiram e conseguiram chegar ao Novo Mundo, passamos a ter dois laboratórios, cada um abastecido com diferentes matérias-primas e que foram radicalmente separados a partir do momento em que, devido ao derretimento do gelo, os níveis dos oceanos subiram.[49] Dado que as plantas, os animais, o meio ambiente e as tecnologias em cada laboratório eram tão diferentes, a coisa mais surpreendente é a semelhança dos caminhos tomados em cada lado da Terra — e o quão semelhantes se revelaram os resultados. Quando os espanhóis chegaram ao continente americano no começo do século XVI, os povos dos hemisférios ocidental e oriental não se encontravam desde que os seus ancestrais, os caçadores da Era Glacial, tinham partido devido à escassez da caça. É verdade que houve alguns contatos pré-colombianos — com os polinésios, os vikings e possivelmente com os asiáticos —, mas estes foram efêmeros demais e tardios demais para afetar quer a flora e a fauna nativas, quer a ascensão da civilização. Nem mesmo marinheiros tão habilidosos como os ratos noruegueses e as baratas alcançaram a América antes de Colombo, tampouco as terríveis pragas do Velho Mundo, como a varíola.[50]

O que aconteceu no começo do século XVI foi verdadeiramente excepcional, algo que nunca aconteceu antes e que nunca irá se repetir. Duas experiências culturais, desenvolvidas em isolamento por 15 mil anos ou mais, por fim se encontraram cara a cara. Espantosamente, depois de todo esse tempo, cada uma delas pôde reconhecer as instituições da outra. Quando Cortés chegou ao México, encontrou estradas, canais, cidades, palácios, escolas, tribunais, mercados, obras de irrigação, reis, sacerdotes, templos, camponeses, artesãos, exércitos, astrônomos, mercadores, esportes, teatro, arte, música e livros. Um alto nível de civilização, diferente em seus detalhes, mas semelhante quanto ao essencial, se desenvolveu independentemente em ambos os lados da Terra.

O caso da América é uma prova que sugere que somos criaturas previsíveis, guiadas por toda parte por necessidades semelhantes, desejos, expectativas e loucuras. Experiências menores, que se desenvolveram independentemente em outros lugares, não alcançaram o mesmo nível de complexidade, embora muitas tenham demonstrado as mesmas tendências. Mesmo nas mais remotas ilhas da Polinésia, habitadas por povos descendentes da tripulação de um ou dois navios de marinheiros intrépidos, minicivilizações emergiram completas, com hierarquia social, agricultura intensiva e monumentos de pedra.

Defrontados não apenas com a semelhança, mas também com a sincronia desses desenvolvimentos distintos, temos que nos perguntar: por que as lavouras não foram domesticadas em nenhum lugar *antes* do fim da última Era Glacial? Os povos de 20 mil anos atrás eram tão astutos quanto aqueles de 10 mil anos atrás, nem todos se empanturravam de caça e o gelo não se mantinha em latitudes mais baixas.

Uma resposta possível a essa questão é uma preocupação para nós agora. Ao estudar os antigos núcleos de gelo que, como os anéis da madeira, deixam um registro anual, os climatologistas foram capazes de traçar a temperatura global média ao longo de 250 mil anos. Esses estudos mostram que o clima mundial tem se mantido extraordinariamente estável nos últimos 10 mil anos — exatamente o período de vida da agricultura e da civilização. Ao que parece não poderíamos ter desenvolvido a agricultura anteriormente, mesmo que tivéssemos tentado. Os estudos também mostram que o clima da Terra, em algumas ocasiões, modificou-se totalmente, interrompendo uma Era Glacial — ou dando início a uma — em um intervalo não de séculos, mas de *décadas*.[51]

Os pontos de partida naturais de tais eventos ainda não são bem claros. Um certo tipo de reação em cadeia pode provocar essas rápidas perturbações — talvez uma reviravolta repentina nas correntes oceânicas ou uma liberação de metano pelo derretimento das camadas geladas. Em seu livro sobre os estudos dos núcleos glaciais, Richard Alley aponta o que deveria ser óbvio: "Os seres humanos construíram uma civilização adaptada ao clima que temos. Cada vez mais, a humanidade usa tudo o que esse clima proporciona... [e] o clima dos últimos milênios está no melhor patamar que ele pode atingir."[52]

A mudança não nos interessa. A nossa única política racional é não nos arriscar provocando-a. Mesmo assim, defrontamo-nos com abundantes evidências de que a própria civilização, por meio das emissões de combustíveis fósseis e outros distúrbios, está perturbando a longa tranqüilidade na qual fomos criados. As camadas de gelo em ambos os pólos estão se quebrando. As geleiras nos Andes e no Himalaia estão derretendo; algumas desapareceram em apenas 25 anos.[53] Secas e temperaturas extraordinariamente quentes já fizeram com que a produção mundial de grãos caísse ou se estagnasse por oito anos seguidos. Durantes esses mesmos oito anos, o número de bocas para alimentar cresceu em 600 mil.

O aquecimento constante seria suficientemente ruim, porém o pior acontecimento seria uma reviravolta repentina no equilíbrio climático da Terra — de volta ao seu antigo regime de ciclos extremos de calor e frio. Se isso acontecer, a agricultura falirá em todos os lugares e a grande experiência da civilização chegará a um fim catastrófico. Quanto à nossa alimentação, fomos criados como especialistas e, portanto, somos tão vulneráveis quanto um tigre-dentes-de-sabre.

III

O PARAÍSO DOS TOLOS

A MAIOR MARAVILHA DO MUNDO antigo é o quanto todo ele é recente. Nenhuma cidade ou monumento tem mais do que 5 mil anos de idade. Apenas cerca de setenta vidas, com duração de setenta anos, foram vividas uma após a outra desde que a civilização começou.¹ Toda a sua duração ocupa meros 0,2% dos dois milhões e meio de anos que nos separam de nosso primeiro ancestral que poliu uma pedra.

No último capítulo, delineei a ascensão e o declínio do "homem caçador" na Antiga Idade da Pedra. O seu próprio progresso, a perfeição de suas armas e técnicas, levou diretamente ao fim da caça como um modo de vida (exceto em alguns lugares onde as condições favoreciam as presas). A seguir veio a descoberta da agricultura — provavelmente feita pelas mulheres — durante a Nova Idade da Pedra, ou período Neolítico, em várias partes do mundo. Disso resultou a nossa experiência da civilização, que começou como muitas iniciativas independentes, que, no entanto, nos últimos séculos têm confluído (principalmente pela dominação violenta) em um grande sistema que cobre e consome a Terra.

Há sinais de que essa experiência, assim como a caça, está agora correndo o risco de se tornar uma vítima de seu próprio sucesso. Já mencionei as armas nucleares e os gases causadores do efeito estufa. A grande explosão do átomo é obviamente mais mortal do que as pequenas explosões em milhões de máquinas; mas, se nos faltar a sorte ou a sabedoria, ambas podem pôr fim à civilização em sua atual escala. Tecnologias muito mais simples se mostraram fatais no passado. Às vezes, o problema está em uma invenção ou idéia em particular, mas também está na estrutura social, no modo segundo o qual as pessoas tendem a se comportar quando oprimidas nas civilizações urbanas, onde o poder e a riqueza imperam e os muitos são governados pelos poucos.

Neste capítulo pretendo falar sobre duas armadilhas causadas pelo progresso: uma em uma pequena ilha do Pacífico, a outra nas planícies do Iraque.

Como mencionei anteriormente, os destroços de nossas experiências fracassadas se encontram nos desertos e nas florestas, como aviões caídos cujos registros de vôo podem nos revelar o que houve de errado. A arqueologia talvez seja a melhor ferramenta de que dispomos para olhar para a frente, porque proporciona uma leitura profunda da direção e do momento do nosso percurso ao longo do tempo: o que somos, de onde viemos e, portanto, para onde provavelmente estamos indo.

Diferentemente da história escrita, que é na maioria das vezes muito editada, a arqueologia pode descobrir os feitos que esquecemos ou que optamos por esquecer. Uma compreensão realista do passado é algo bem recente, um fruto tardio do Iluminismo, embora as pessoas em diversos períodos históricos tenham sentido o impulso que o antiquário elizabetano William Camden chamou de "curiosidade de se olhar para trás". A antigüidade, escreveu, "guarda uma certa semelhança com a eternidade. [Ela] é um doce alimento para o espírito".²

Nem todos os espíritos eram tão abertos naquele tempo. Um vice-rei espanhol no Peru, que acabara de ver a capital inca no alto dos Andes, com as suas muralhas de gigantescas pedras encaixadas como jóias, escreveu de volta ao rei: "Examinei a fortaleza que [os incas] construíram... que se demonstra claramente uma obra do demônio... pois não me parece possível que a força e a habilidade dos homens a possam ter feito."³

Mesmo hoje, alguns optam pelos confortos da mistificação, preferindo acreditar que as maravilhas do mundo antigo foram construídas por atlantes, deuses ou viajantes do espaço, em vez de pensar em milhares de homens trabalhando de sol a sol. Uma tal concepção rouba de nossos ancestrais os seus méritos e de nós a experiência deles, porque, assim, é possível se acreditar no que quiser sobre o passado — sem a necessidade de se confrontar com ossos, fragmentos de porcelana e inscrições que nos mostram que os povos de todo o mundo realizaram, repetidas vezes, avanços e erros semelhantes.

Cerca de dois séculos após a invasão espanhola no Peru, uma esquadra holandesa nos mares do sul, navegando a oeste do Chile e abaixo do Trópico de Capricórnio, chegou a uma paisagem tão aterradora e ainda mais inexplicável do que as construções megalíticas dos Andes. No dia da Páscoa de 1722, os holandeses avistaram uma ilha desconhecida, tão erodida e devastada que confundiram as suas colinas desertas com dunas. Eles ficaram ainda mais impressionados ao se aproximar e ver centenas de imagens de pedra, algumas tão altas quanto uma casa em Amsterdã. "Não conseguíamos compreender como era possível que esses povos, desprovidos de madeira pesada e densa [ou] de cordas fortes, pudessem, não obstante, ter sido capazes de erigir tais imagens, que chegavam a nove metros de altura."[4] O capitão Cook posteriormente confirmou a desolação da ilha, não encontrando nela "qualquer madeira para combustível, nem sequer água fresca que valesse a pena levar a bordo". Ele descreveu as pequenas canoas dos ilhéus, feitas de restos de madeira flutuante costurados como couro de sapato, como as piores no Pacífico. A natureza, concluiu, "foi excessivamente econômica quanto aos seus benefícios para este local".[5]

O grande mistério da Ilha de Páscoa, que espantou todos os primeiros visitantes, não era apenas que aquelas estátuas colossais se erguessem em um ponto tão pequeno e remoto do mundo, mas que as pedras pareciam ter sido colocadas lá sem qualquer equipamento, como se tivessem caído do céu. Os espanhóis, que já tinham atribuído ao demônio os esplendores da arquitetura inca, foram absolutamente incapazes de reconhecer as conquistas de uma outra cultura. Mas até mesmo os observadores científicos não conseguiram, a princípio, encontrar justificativa para os megálitos da ilha de Páscoa. As figuras, então, lá permaneciam, desafiando, com zombaria, o senso comum.

Agora nós sabemos a resposta do enigma, que é um tanto quanto decepcionante. Parafraseando o capitão Cook, a natureza não foi extraordinariamente sovina em seus benefícios.[6] Os estudos de Pollen sobre os lagos da cratera da ilha mostraram que, outrora, ela havia sido verde e bem abastecida de água, com um rico solo vulcânico que sustentava grossos troncos de palmeiras chilenas,[7] uma madeira de lei que pode chegar à altura de um carvalho. Nenhum desastre natural transformou isso: nenhuma erupção, nenhuma seca ou doença. A catástrofe da Ilha de Páscoa foi o homem.

Rapa Nui, como o local é chamado pelos polinésios, foi colonizada durante o século V a.C. por imigrantes das Ilhas Marquesas e Gambiers, que chegaram em grandes catamarãs repletos de suas usuais cargas de alimentos e animais — cachorros, galinhas, ratos comestíveis, cana de açúcar, bananas, batatas-doces e amoras — para a confecção de tecido para velas.[8] (A teoria de Thor Heyerdahl de que a ilha teria sido povoada a partir da América do Sul não encontrou respaldo nos trabalhos recentes, embora um contato esporádico entre o Peru e a Oceania provavelmente tenha ocorrido[9].) A Ilha de Páscoa se demonstrou fria demais para a fruta-pão e o coqueiro, mas era rica em frutos do mar: peixes, focas, toninhas, tartarugas e pássaros marinhos, que ali faziam seus ninhos. Em um período de cinco ou seis séculos, os colonizadores se multiplicaram, chegando a cerca de 10 mil pessoas — muito para 165 quilômetros quadrados.[10] Eles construíram vilarejos de boas casas com fundação em pedra e prepararam as melhores terras para o plantio. Socialmente, dividiam-se em clãs ou categorias — nobres, religiosos e plebeus — e houve provavelmente um chefe supremo ou "rei". Tal como os polinésios em algumas outras ilhas, cada clã começou a honrar os seus ancestrais com extraordinárias imagens de pedras, esculpidas a partir de rochas vulcânicas de uma cratera próxima que eram içadas em plataformas com auxílio da maré. Com o passar do tempo, o culto às estátuas tornou-se cada vez mais competitivo e extravagante, alcançando o seu apogeu durante a Alta Idade Média européia, enquanto os reis da família Plantageneta governavam a Inglaterra.

Cada geração de imagens era maior que a anterior, exigindo mais madeira, cordas e mão-de-obra para ser transportada para os *ahu* ou altares. As árvores eram cortadas em proporção maior do que cresciam; um problema agravado pelos ratos dos colonizadores, que comiam as suas sementes e brotos. Por volta do ano de 1400 d.C., não se constata mais pólen de árvore nas camadas anuais dos lagos da cratera: as árvores foram, em última análise, destruídas, simultaneamente, pelos maiores e pelos menores mamíferos da ilha.

Podemos pensar que em um espaço tão limitado, onde, da altura de Terevaka, os ilhéus podiam examinar, de uma só mirada, todo o seu mundo, algumas medidas poderiam ter sido tomadas para conter o corte, para proteger os brotos e para reflorestar. Poderíamos pensar que, à medida que as árvores escasseavam, a construção de estátuas teria sido restringida e a madeira reservada para propósitos essenciais, como a construção de barcos e de abrigos. Mas não foi isso o que aconteceu. As pessoas que derrubaram a última árvore *viram* que era a última, sabiam com total certeza que nunca mais haveria outra. E a derrubaram assim mesmo.[11] Toda sombra desapareceu da terra, à exceção das sombras pontiagudas proporcionadas pelos ancestrais em pedra, a quem as pessoas amavam sempre mais, porque lhes faziam se sentir menos sós.

Durante uma geração ou mais, houve restos de madeira suficientes para erguer as grandes pedras e ainda manter algumas canoas capazes de enfrentar o mar aberto. Mas chegou o dia em que o último bom barco se foi. As pessoas então souberam que haveria poucos frutos do mar e — pior — nenhuma escapatória. A palavra que significava madeira, *rakau*, tornou-se a mais importante em sua língua. Guerras explodiram por causa de tábuas antigas e de dejetos comidos pelos vermes. Elas passaram a comer todos os seus cães e praticamente todos os pássaros, e a insuportável quietude do lugar se aprofundou ainda mais com o silêncio dos animais. Nada restava agora a não ser os *moai*, as pedras gigantes que devoraram a terra. E elas ainda prometiam o retorno da abundância, desde que as pessoas mantivessem a fé e as honrassem cada vez mais. "Mas como nós vos levaremos para os altares?", perguntavam os escultores, e os *moai* respondiam que, no momento certo, eles andariam até lá por si próprios. Assim, o som das marteladas ainda se fez ouvir nas pedreiras e as paredes da cratera continuaram a ganhar vida com centenas de novos gigantes, alcançando proporções ainda maiores, já que agora não precisavam do transporte humano. A maior imagem transportada até um altar tinha pouco mais de trinta pés de altura[12] e pesava cerca de oitenta toneladas; já a mais alta *esculpida* tinha quase 45 pés de altura[13] e mais de *duzentas* toneladas, algo comparável às maiores pedras esculpidas pelos incas e pelos egípcios, com o detalhe, obviamente, de que ela nunca se moveu sequer um centímetro.

Ao final, havia mais de mil *moai*, um para cada dez ilhéus no ápice da colonização. Mas os bons tempos se foram — e se foram junto com a boa terra, que foi levada pelo vento implacável e carregada para o mar por enchentes súbitas. As pessoas foram seduzidas por um tipo de progresso que se tornou uma loucura, uma "patologia ideológica", como a chamam alguns antropólogos. Quando os europeus lá chegaram no século XVIII, o pior já havia passado; encontraram apenas uma ou duas almas vivas por estátua, um remanescente lamentável, "pequeno, magro, tímido e miserável" nas palavras de Cook.[14] Agora sem vigas para telhados, muitas pessoas moravam em cavernas; as suas únicas construções eram galinheiros de pedra, onde guardavam, de um dia para o outro, aquela última proteína não-humana. Os europeus ouviram lendas sobre como a classe guerreira tomou o poder, como a ilha entrou em convulsão com queimas dos vilarejos, batalhas sanguinárias e banquetes canibais. A única inovação desse período final foi deixar de empregar a obsidiana (um vidro vulcânico afiado como lâmina) na produção de ferramentas para usá-la na fabricação de armas.[15] Adagas e lanças se tornaram os artefatos mais comuns na ilha, estocados em buracos, assim como hoje em dia os defensores da sobrevivência mantêm granadas e rifles de combate.

Mesmo isso ainda não era o fim da linha. Entre a visita holandesa de 1722 e a de Cook, cinqüenta anos mais tarde, os povos decretaram guerra entre si e, pela primeira vez, também aos ancestrais. Cook encontrou *moai* derrubados de suas plataformas, destruídos, decapitados, as ruínas espalhadas junto a ossadas humanas. Não há nenhum relato confiável sobre como ou por que isso aconteceu. Talvez tenha começado como uma atrocidade extrema entre clãs inimigos, tal como o bombardeio de catedrais pelas nações européias na Segunda Guerra Mundial.[16] Talvez tenha começado com a perturbação da solidão da ilha causada por estrangeiros em castelos flutuantes de riquezas e ameaças inimagináveis. Esses possuidores da madeira eram também os portadores da morte e da doença, e os confrontos com marinheiros quase sempre terminavam com os nativos assassinados na praia.[17]

Não sabemos exatamente quais as promessas que foram feitas pelos exigentes *moai* aos povos, mas parece provável que a chegada de um mundo exterior pode ter desmascarado certas ilusões do culto às estátuas, substituindo a crença compulsiva por um desencantamento igualmente compulsivo. Qualquer que tenha sido a sua origem, a destruição em Rapa Nui vociferou por pelo menos setenta anos. Cada navio estrangeiro viu menos estátuas de pé, até que nenhum gigante sequer restou erguido em seu altar.[18] O trabalho de demolição deve ter sido extremamente árduo para os poucos descendentes dos construtores; a sua meticulosidade e premeditação revelam algo muito mais profundo do que uma guerra entre clãs: algo de um povo irritado com os seus ancestrais incautos, de uma revolta contra a morte.

A lição que Rapa Nui representa para o nosso mundo não passou despercebida. No epílogo de seu livro de 1992,

Easter Island, Earth Island, os arqueólogos Paul Bahn e John Flenley são explícitos. Os ilhéus, escrevem eles,

> levaram até o fim, para nós, a experiência de permitir o crescimento irrestrito da população, o uso excessivo dos recursos, a destruição do ambiente e a confiança sem limites de que a sua religião cuidaria do futuro. O resultado foi um desastre ecológico que levou ao desastre populacional... Precisamos então repetir a mesma experiência em [uma] grande escala? ...Será que a personalidade humana é sempre igual à daquela pessoa que derrubou a última árvore?[19]

A última árvore. O último mamute. O último dodô. E, em pouco tempo, talvez o último peixe e o último gorila. Nos parâmetros do que a polícia chama de "ficha criminal", somos assassinos em série em um nível muito além da razão. Mas terá sido sempre esse o caso? Será que isso tem que ser sempre assim? Será que todos os sistemas humanos são condenados a ziguezaguear sob o peso crescente de sua lógica interna até que ela os quebre? Tal como propus, as respostas — e, creio eu, as curas — estão nos destinos das sociedades passadas.

A Ilha de Páscoa era uma minicivilização isolada em um ambiente limitado. O quanto ela pode ser considerada típica da civilização em geral? No capítulo anterior, ofereci uma definição técnica: as civilizações são sociedades grandes e complexas baseadas na domesticação de plantas, animais e seres humanos, com vilas, cidades, governos, classes sociais e profissões especializadas. Civilizações antigas e modernas são englobadas nessa definição. Contudo, a Ilha de Páscoa não preenche todos os requisitos. Com 10 mil pessoas, ela era pequena, lhe faltavam as cidades e a sua estrutura política era, na melhor das hipóteses, a de uma tribo, não a de um Estado. Não obstante, teve classes e profissões (os escultores de pedra, por exemplo) e as suas conquistas foram comparáveis àquelas de culturas muito maiores.[20] O seu isolamento também tornou-a singularmente importante como um microcosmos de sistemas mais complexos, incluindo essa grande ilha na qual nós flanamos pelo espaço. A Ilha de Páscoa lutou para abrir um caminho maior que a sua possibilidade, mas lutou sozinha, e nós, como em um espelho, fomos capazes de repetir os mesmos movimentos pelos quais ela se destruiu.

Alguns autores, ao verem a história em termos de armas e vencedores, enfatizaram excessivamente os diferentes ritmos pelos quais culturas e continentes se desenvolveram. O que me parece o mais surpreendente — e altamente significativo por revelar que tipo de criaturas somos nós, os seres humanos — é o quão pouco tempo foi necessário para que os povos fizessem, de modo independente, coisas semelhantes ao redor de todo o mundo, mesmo operando dentro de culturas e ecologias diferentes.

Há cerca de 3 mil anos, civilizações surgiram em pelo menos sete lugares: na Mesopotâmia, no Egito, no Mediterrâneo, na Índia, na China, no México e no Peru.[21] A arqueologia mostra que apenas cerca de metade dessas recebeu os seus estímulos agrícolas e culturais de outras.[22] As restantes se construíram a partir do zero, sem suspeitar de que alguém mais no mundo estivesse fazendo o mesmo. Esse incontestável paralelismo de idéias, processos e formas nos revela algo importante: que dadas certas condições amplas, as sociedade humanas irão, em qualquer lugar, mover-se em direção a um tamanho maior, a uma maior complexidade e a uma maior demanda ambiental.

A pequena civilização da Ilha de Páscoa foi uma das últimas a se desenvolver independentemente. A primeira de todas foi a da Suméria, no que é hoje o sudeste do Iraque. Os sumérios, cuja própria raiz étnica e lingüística é incerta, estabeleceram um padrão que seria seguido pelas culturas semíticas e por outras do Mundo Antigo.[23] Eles vêm a calhar como exemplo tanto do melhor quanto do pior da vida civilizada e nos contam sobre si mesmos por meio da escrita cuneiforme em tabletes de argila, um dos meios mais duradouros para a voz humana, uma escrita semelhante às trajetórias dos pássaros treinados. Eles compuseram as mais antigas histórias escritas do mundo, um corpo de textos conhecido como *O épico de Gilgamesh*, compilado na "Uruk de fortes muros, a cidade das grandes ruas", no mesmo momento em que Stonehenge e as primeiras pirâmides egípcias estavam sendo construídos. Algumas lendas que conhecemos a partir da Bíblia hebraica — o Jardim do Éden, o dilúvio — aparecem no *Gilgamesh* em formas anteriores, juntamente com outros mitos, considerados talvez vigorosos demais para a inclusão no Pentateuco. Um desses, a história do selvagem Enkidu, que foi convencido a ir para a cidade por "uma prostituta, uma criança do prazer", nos relembra nossa transição da caça para a vida urbana:

O PARAÍSO DOS TOLOS

Agora todas as criaturas selvagens tinham fugido; Enkidu tornou-se fraco, pois a sabedoria estava nele e os pensamentos de um homem estavam em seu coração. Assim, ele retornou, sentou-se aos pés da mulher e ouviu atentamente o que ela disse. "És sábio, Enkidu, e agora te tornaste semelhante a um deus. Por que queres viver como selvagem com as feras nas colinas? Vem comigo. Eu te levarei à Uruk de fortes muros, ao templo sagrado de Ishtar e de Anu, do amor e do paraíso: lá vive [o rei] Gilgamesh, que é muito forte [e que] domina os homens."[24]

No último capítulo, deixamos o Oriente Médio um pouco depois de a agricultura ter começado nas terras chamadas de Crescente Fértil. Durante todo o período humano essa região tem sido a encruzilhada entre a África, a Europa e a Ásia. Ao longo da Antiga Idade da Pedra, neandertais e cro-magnons lutaram por esse lote de terra durante cerca de 50 mil anos — locomovendo-se para o norte e para o sul em função das oscilações climáticas, vivendo alternadamente nas mesmas cavernas e possivelmente evitando-se uns aos outros. Eu suspeito de que, se pudéssemos ter acesso a informações sobre o Oriente Médio em qualquer período da pré-história, descobriríamos um lugar que fervilhava de criatividade e de batalhas, desde o início da história.

No entanto, é um erro supor que o Crescente Fértil, em função de todas as suas qualidades naturais, suas plantas e animais adequados à domesticação, tenha se desenvolvido de modo rápido ou fácil. Mesmo depois de muitos milhares de anos de agricultura e pastoreio, os maiores povoamentos do Oriente Médio — Jericó (nas proximidades do Mar Morto) e Çatal Hüyük (na Anatólia) — ainda eram muito pequenos, abrangendo apenas dez e trinta acres, respectivamente.[25]

Se fosse possível ao Jardim do Éden ter uma geografia física, seria essa. No entanto, a serpente não era o único inimigo. As fortificações em Jericó e em outros lugares revelam uma competição pela terra e uma presença humana mais fortes do que as atestadas somente pelos sítios. Também a vida agrícola não era mais fácil ou mais saudável do que havia sido a vida de caça: os agricultores apresentavam menor compleição física e trabalhavam mais horas do que os outros. A expectativa da vida média, deduzida a partir dos enterros em Çatal Hüyük, era de 29 anos para as mulheres e 34 para os homens.[26] Por volta de 6000 a.C., há evidências de amplas devastações e erosões. Queimadas descuidadas e o aumento desmedido do rebanho caprino podem ter sido os principais responsáveis, mesmo que a queima de cal para reboco e caiação tenha também destruído os bosques até a região se tornar o cerrado espinhoso e semidesértico que aí vemos hoje. Por volta de 5500 a.C., muitos dos primeiros sítios neolíticos foram abandonados.[27] Assim como na Ilha de Páscoa, os povos destruíram os seus ninhos, ou melhor, depenaram-nos até o fim. Mas, ao contrário dos ilhéus de Páscoa, esses povos tiveram espaço para fugir e começar de novo.

Auto-exilados do Éden (sendo a espada flamejante de Deus provavelmente um lampejo do fogo ateado nas colinas), eles encontraram um segundo paraíso mais abaixo, na grande planície inundável dos rios Tigre e Eufrates, uma terra chamada Mesopotâmia ou Iraque. O perfil desse local é algo presente em nossa memória devido às guerras modernas: planícies sem árvores e oásis à míngua, superfícies salgadas, tempestades de areia, manchas de óleo e tanques incendiados. Aqui e ali, desmoronando sob o sol e o vento implacáveis, há grandes montes de tijolos de argila — ruínas de antigas cidades cujos nomes ainda ecoam nos porões de nossa cultura — Babilônia, Uruk e Ur dos caldeus, onde nasceu Abraão.

Durante 5000 e 4000 a.C., o sudeste do Iraque foi um delta pantanoso de canais repletos de peixes, com juncos mais altos do que uma casa e bancos de areia ricos em tamareiras. Javalis e gansos selvagens viviam nas matas de bambu. A terra aluvial, se cultivada, era capaz de multiplicar por cem cada semente, pois essa era uma nova terra, assentada no topo do Golfo Pérsico. "Nova" é apenas um modo de falar: os povos que se estabeleceram ali vinham, na verdade, em busca dos seus antigos campos de cultivo, que foram levados das colinas, agora erodidas, pelo fluxo dos grandes rios, ou, como diz a Bíblia, expulsos do Éden.[28]

Deus concedeu uma segunda chance aos filhos de Adão e Eva, porém, nesse Éden reciclado, ao contrário do primeiro, eles comeriam apenas pelo suor e pela labuta. "A exploração desse paraíso natural", escreveu Gordon Childe em sua obra clássica, *The Most Ancient East*, "exigia trabalho intenso e cooperação organizada de grandes grupos de homens. A terra árabe tinha, literalmente, que ser criada... por uma 'separação' entre a terra e a água; os pântanos tinham de ser drenados, as enchentes controladas e as águas, que traziam a sobrevivência no deserto sem chuvas, tinham de ser levadas até lá através de canais artificiais."[29] Parece que, ao menos nesse caso, as hierarquias da civilização cresceram com as exigências do controle da água.[30]

As dispersas aldeias de barro se transformaram em vilarejos e, por volta de 3000 a.C., esses vilarejos se transformaram em pequenas cidades, sempre reconstruídas sobre os seus próprios escombros, até se erguerem sobre planaltos feitos de montes de barro, conhecidos como *tells*. Ao longo da maior parte de sua duração milenar, a civilização suméria foi dominada por uma dúzia de tais cidades, sendo cada uma delas o centro de um pequeno Estado. Apenas duas vezes forjou-se, brevemente, um reinado unificado: a primeira sob o reinado invasor semita Sargon e a última durante a Terceira Dinastia de Ur. Cogita-se que quatro quintos da população suméria viveram em centros urbanos e que o total dessa população não passava de meio milhão de pessoas (a população do Egito nessa época era mais rural e chegava ao triplo desse tamanho).[31]

Em seus primeiros dias, a terra suméria foi uma propriedade coletiva, em que as pessoas traziam as suas colheitas, ou ao menos os seus excedentes, para o santuário da cidade, onde um sacerdócio cuidava dos negócios humanos e divinos — observando as estrelas, conduzindo as obras de irrigação, aumentando as colheitas, a fermentação e a produção do vinho e construindo templos cada vez maiores. Com o passar do tempo, as cidades cresciam, pouco a pouco, em direção às colinas artificiais que culminavam na pirâmide escalonada tipicamente mesopotâmica, ou zigurate, uma montanha sagrada que comandava a esfera humana[32] e que, mais tarde, recebeu dos israelitas o nome de Torre de Babel. Os sacerdócios, que tinham começado como aldeias cooperativas, também cresceram verticalmente, até se tornarem as primeiras corporações completas, com oficiais e empregados, assumindo "a tarefa não lucrativa de administrar os Estados divinos".[33]

As planícies do sudeste do Iraque eram ricas terras agrícolas às quais, no entanto, faltava a maior parte das coisas necessárias a uma vida urbana. A madeira, o sílex, a obsidiana, os metais e cada bloco de pedra, fosse para construção, para entalhe ou para moagem de alimentos, tinham que ser importados em troca de grãos e tecidos. Foi assim que os carros com rodas, o jugo do gado e o uso do cobre e do bronze se desenvolveram precocemente.[34] O comércio e a propriedade se tornaram altamente importantes e, desde então, se postaram bem ao centro da cultura ocidental. Os habitantes do Oriente Médio desenvolveram uma visão mercenária de seus deuses como grandes proprietários de terras e deles mesmos como seus servos, "labutando nas vinhas do Senhor". Ao contrário da escrita do Egito, da China e da Mesoamérica, a escrita suméria foi inventada, não em função de textos sagrados, previsões e literatura, nem sequer para propaganda real, mas, sim, para fins de contabilidade.

Com o tempo, as corporações sacerdotais se dilataram e se tornaram exploradoras, estando mais preocupados com o seu próprio bem do que com os seus membros mais humildes. Embora elas tenham desenvolvido elementos do capitalismo, tal como a propriedade privada, não havia a livre competição do tipo recomendado por Adam Smith. As corporações sumérias eram monopólios legitimados pelo céu, algo como os monastérios medievais ou os reinos do céu dos teleevangélicos. O seu modo de vida, entretanto, estava longe de ser monástico, como indica a prostituição nos templos no *Gilgamesh*.³⁵ Os sacerdotes sumérios podem ter sido pessoas que sinceramente acreditavam em seus deuses, embora os povos antigos não fossem isentos de manipulações da credulidade; mas, na pior das hipóteses, foram os primeiros extorsores do mundo, movendo a eterna máquina do dinheiro — proteção, bebidas e mulheres.³⁶

A proteção inicialmente oferecida pelo sacerdócio se referia às forças da natureza e à ira dos deuses. Porém, à medida que as cidades-Estados sumérias cresciam, começavam a declarar guerra entre si. A sua riqueza também atraía ataques surpresa de povos dos desertos e das montanhas, que, embora menos civilizados, eram com freqüência mais bem armados. Foi assim que Uruk — com 1.100 acres³⁷ e 50 mil pessoas, de longe a maior cidade suméria³⁸ — tornou-se a cidade "de fortes muros", a maravilha de seu mundo.

"Suba nos muros de Uruk", convida o *Gilgamesh*, "caminhe ao longo deles, digo eu, observe o aterro da fundação e examine a alvenaria: não são tijolos queimados e bons?"³⁹

Tendo inventado a irrigação, a cidade, a corporação e a escrita, a Suméria ainda acrescentou a essa lista os soldados profissionais e os reis hereditários. Os reis deixaram os templos e se mudaram para palácios próprios,⁴⁰ onde forjaram conexões pessoais com a divindade, reivindicando *status* divino em virtude de sua linhagem celestial, uma noção que apareceria em muitas culturas e resistiria até os tempos modernos como o direito divino.⁴¹

Com o reinado vieram novos usos para a escrita: a história dinástica e a propaganda, a exaltação de um indivíduo singular. Como tão secamente refletiu Bertolt Brecht em seu poema sobre um trabalhador que olhava as pirâmides:

> Os livros estão repletos de nomes de reis.
> Teriam sido os reis que carregaram os pesados blocos de pedra?...
> O jovem Alexandre conquistou a Índia.
> Ele sozinho?

Por volta de 2500 a.c., os dias de uso coletivo da terra pela cidade e pela corporação já eram passado; os campos agora pertenciam aos senhores e às grandes famílias. A população suméria tornou-se um grupo de servos e meeiros,[42] sob quem havia ainda uma permanente subclasse de escravos — uma característica da civilização ocidental que duraria até o século XIX depois de Cristo.

Os Estados arrogavam-se o poder da violência coercitiva: o direito de estalar o chicote, de executar prisioneiros e de enviar jovens para o campo de batalha. Daí deriva o pernicioso florescimento daquilo que J. M. Coetzee chamou, em seu extraordinário romance *À espera dos bárbaros*, de "a negra flor da civilização"[43] — tortura, cárcere injusto, violência para exibição —, a transformação do poder em direito.

Dentre os privilégios dos reis divinos na Suméria e em outros lugares constavam vários estilos de sacrifício humano, incluindo o direito de levar pessoas consigo para a sepultura, como companhia. O túmulo do rei em Ur, conhecido pelos arqueólogos como o Abismo da Morte, contém o primeiro funeral em massa de concubinas reais, guardas e dos trabalhadores que o construíram — cerca de 75 homens e mulheres ao todo, cujos esqueletos se encaixam como colheres em uma gaveta.[44] Em todo o mundo, do Egito à Grécia, da China ao México, a idéia de que a vida do rei valia muito mais do que a de outras pessoas sempre voltaria a criar raízes.[45] Os construtores que lacram o túmulo são assassinados no local por guardas, que, por sua vez, são assassinados por outros guardas e assim por diante, até que os últimos executores reais considerem o seu lugar de descanso suficientemente honrado e seguro.

Já que tendemos a ver a antiga América do Norte como um lugar não-urbano e libertário, uma das ocorrências mais surpreendentes de enterro de servos vem de Cahokia — uma cidade pré-colombiana, com praticamente as mesmas dimensões de Uruk, cujas pirâmides de barro ainda se encontram ao lado do rio Mississippi, próximo a Saint Louis.[46]

Por todo o mundo antigo, governantes encenaram o mais extremo teatro político: o sacrifício público de prisioneiros. Como um rei ashanti do século XIX disse, singelamente, aos britânicos: "Se for preciso abolir o sacrifício humano, eu terei que abrir mão de um dos meios mais eficazes de manter o povo em submissão."[47] Os britânicos, que naquela época amarravam os amotinados indianos à boca do canhão e disparavam a metade de seus corpos, provavelmente não precisavam de um tal conselho. Cada cultura tem os seus códigos e suas sensibilidades. No México, os conquistadores espanhóis ficaram impressionados com o massacre ritual de prisioneiros, levado a cabo com uma lâmina ao coração. Os astecas, por sua vez, ficaram igualmente horrorizados quando viram os espanhóis queimarem pessoas vivas.

A violência é tão antiga quanto o homem, mas as civilizações a cometeram com uma deliberação tal que lhe confere um horror especial. No Abismo da Morte de Ur, podemos antever os vislumbres de todas as sepulturas em massa que surgiriam depois, 5 mil anos passados até Bósnia e Ruanda, e para fechar o círculo o Iraque de Saddam Hussein, que, como os antigos reis daquela terra, teve o nome gravado nos tijolos usados para reconstruir os seus monumentos. Na civilização, ao contrário da vida baseada na caça e na colheita, sempre importa quem você é. Percorremos um caminho muito longo entre as grandes famílias em torno de uma fogueira na Antiga Idade da Pedra e as sociedades nas quais algumas pessoas são semideuses e outras não mais do que carne a ser preparada para a morte ou sepultada nos túmulos de suas celebridades.[48]

Antes de a agricultura mecanizada ter início, os produtores de alimentos, fossem eles camponeses ou escravos, ultrapassavam em número a elite e os profissionais que viviam de seus excedentes em uma proporção de dez para um. A recompensa das massas por isso era em geral um pouco mais do que a pura sobrevivência, aliviada pelas consolações do costume e da crença. Se tivessem sorte, eles pertenceriam a um Estado que, por um esclarecido interesse próprio, daria assistência pública em tempos de malogro na safra. O ideal do líder como o provedor e do rico como o generoso sobreviveu até certo ponto e pode ser traçado em muitas línguas. O termo "lorde" vem do inglês arcaico *hlaford,* ou "guardião do pão", aquele que resguardava a provisão do pão — e de quem se esperava que o dividisse. O título inca *qhapaq* significava "magnânimo", alguém que reúne a riqueza, mas que também a redistribui. Um outro título do imperador inca era *wakchakuyaq*, "aquele que cuida dos destituídos".[49] Os chefes do Havaí eram advertidos por seus anciãos contra o acúmulo de alimentos ou bens: "As mãos dos Arii devem sempre ser abertas, [nisso] reside o seu prestígio."[50] Dizia-se dos imperadores chineses que a sua primeira tarefa era a de alimentar o povo. A verdade é que a China, tal como a maioria das sociedades agrárias, oscilou sempre entre uma escassez e outra até os tempos modernos.[51] A segurança alimentar efetiva era tão rara no passado quanto é hoje no Terceiro Mundo. A maior parte dos Estados antigos não tinha capacidade de estoque ou de transporte para lidar com nada que ultrapassasse uma pequena crise. Os incas e os romanos foram provavelmente os melhores no alívio da escassez, e não é uma coincidência que ambos tenham sido impérios muito grandes espalhados por várias zonas climáticas, com bom armazenamento, estradas e rotas marítimas.

Uma pequena civilização como a Suméria, dependente de um único ecossistema e sem terrenos altos, era particularmente vulnerável a enchentes e secas. Tais desastres eram vistos, naquela época assim como hoje, como "atos de Deus" (ou deuses). Tal como nós, os sumérios tinham apenas uma vaga consciência de que a atividade humana também era responsável. Planícies alagadiças sempre irão alagar, mais cedo ou mais tarde, porém, o desmatamento rio acima das bacias fluviais tornou as inundações muito mais fortes e mortais do que teriam sido em outras circunstâncias. As florestas, com o seu tapete de vegetação rasteira, musgos e argila, funcionam como grandes esponjas, absorvendo a água das chuvas e permitindo a sua lenta filtragem para dentro da terra; as árvores bebem a água e a expiram de volta ao ar. Entretanto, onde quer que as árvores originais e o solo tenham sido destruídos pelo corte, pela queima, pelo excesso de rebanho ou pela aragem, o subsolo descoberto torna-se duro no clima seco e age como um telhado no clima úmido. O resultado é enchentes súbitas, por vezes trazendo cargas tão pesadas de sedimentos e cascalhos que se precipitam dos desfiladeiros íngremes como concreto líquido. Uma vez tendo alcançado a planície inundável, as águas diminuem a velocidade, despejam seus cascalhos e se espalham como uma maré castanha que abre o seu caminho até o mar.

Forças aluviais alternantes atuam na Mesopotâmia. Nos cinco mil anos desde que começaram os registros sumérios, os rios irmãos aterraram quase oitenta milhas[52] do Golfo Pérsico. A segunda cidade do Iraque, Basra, era mar aberto nos tempos antigos.[53] As planícies da Suméria tinham mais de duzentas milhas[54] de extensão. Em momentos de enchentes extraordinariamente grandes — do tipo que aconteceria mais ou menos uma vez a cada século —, um rei de pé sob a chuva, no alto de um templo que se esvaía, não veria nada a não ser água entre ele mesmo e a linha do horizonte.

Não apenas Adão e Eva conquistaram de fato a sua expulsão do Éden, como a paisagem erodida que deixaram para trás serviu de cenário para o dilúvio de Noé.[55] Nos primeiros dias, quando os montes da cidade começavam a ser alagados, o único refúgio teria sido um barco. A versão suméria da lenda, narrada em primeira pessoa por um homem chamado Utnapishtim, tem o entorno de acontecimentos reais, com detalhes vívidos sobre intempéries extraordinárias e rompimento de barragens.⁵⁶ Nela podemos ver não apenas os antecedentes da história bíblica, mas também os primeiros relatos testemunhais de uma catástrofe ambiental provocada pelo homem:

> Naqueles tempos o mundo abundava, as pessoas se multiplicavam... Enlil ouviu o clamor e disse aos deuses em assembléia: "O alvoroço da humanidade é intolerável e o sono não é mais possível..." Foi assim que os deuses concordaram em exterminar a humanidade.⁵⁷

Enlil, o rei da tempestade, é o instigador; os outros, incluindo Ishtar, a deusa do amor e rainha dos céus (uma antecessora menos virginal de Maria), concordaram. Mas Ea, o deus da sabedoria, avisou Utnapishtim em um sonho: "Derrube sua casa, eu digo, e construa um barco, abandone as propriedades e busque a vida... Leve para o barco a semente de todas as criaturas vivas."

> O tempo se cumpriu, a noite chegou, o condutor da tempestade enviou a chuva. Olhei para o tempo que estava terrível, então também eu embarquei na nave e a finquei no chão... Com a primeira luz do amanhecer uma nuvem negra veio do horizonte; ela relampejava por dentro, onde Adad, senhor da tempestade, a conduzia... Então os deuses do abismo surgiram; Nergal arrancou as represas das águas profundas, Ninurta, o senhor da guerra, derrubou os diques e... o deus da tempestade transformou a luz do dia em escuridão, ao estraçalhar a terra como um cálice...

Por seis dias e seis noites os ventos sopraram, torrentes, tempestades e enchentes dominaram o mundo... Quando o sétimo dia amanheceu... olhei para a superfície do mundo e havia silêncio, toda a humanidade fora transformada em barro. A superfície do mar estendia-se tão plana quanto um telhado; eu abri uma escotilha e a luz bateu em meu rosto. Então eu me curvei, me sentei e chorei... pois por toda parte havia o deserto da água.

Utnapishtim envia pássaros para encontrar terra. Quando as águas começam a baixar, ele queima incenso para chamar os deuses, porém, ao que suas palavras indicam, o verdadeiro chamariz é o mau cheiro dos cadáveres na lama: os deuses, diz ele, "se reuniram como moscas em torno do sacrifício". Ao contrário de Jeová com o seu arco-íris, as divindades sumérias não fazem promessas. Ishtar passa os dedos por seu colar e diz apenas que ela se recordará daquilo. Enlil vê a arca e se enfurece: "Escapou um desses mortais? Nenhum deles deveria ter sobrevivido." Então Ea, que tinha dado o aviso e salvado os animais, repreende Enlil pelo que fizera e começa um canto lúgubre:

> Que um leão destruísse a humanidade
> mais do que o dilúvio...
> Que a fome consumisse o mundo
> mais do que o dilúvio.

Ea deveria ter sido mais cuidadoso com os seus desejos. Quando Sir Leonard Woolley escavava na Suméria entre as duas Guerras Mundiais, escreveu: "Para aqueles que viram o deserto da Mesopotâmia... o mundo antigo parece quase inacreditável, tão completo é o contraste entre passado e presente... Por que, se Ur era uma capital de império e se a Suméria foi outrora um vasto celeiro, a população definhou até o nada e o próprio solo perdeu as suas virtudes?"[58]

A sua pergunta tem uma resposta de uma só palavra: sal. Os rios retiram o sal das pedras e da terra e o levam para o mar. Mas quando se desvia a água em direção à terra árida, boa parte dela evapora e o sal fica para trás. A irrigação também causa a formação de lagos, permitindo que a água salobra brote do solo. A menos que haja uma boa drenagem, longos períodos sem cultivo e precipitação de chuvas suficiente para lavar a terra, projetos de irrigação são futuras superfícies salgadas.

O sudeste do Iraque era uma das áreas mais convidativas para o início da irrigação e uma das mais difíceis para a sua manutenção: uma das armadilhas mais sedutoras já preparadas pelo progresso. Depois de alguns séculos de produção abundante, a terra começou a se voltar contra os seus lavradores. O primeiro sinal de problema foi um declínio na produção do trigo, uma lavoura que se comporta como o canário na mina de carvão. Com o passar do tempo, os sumérios tiveram que substituir o trigo pela cevada, que apresenta uma maior tolerância ao sal. Por volta de 2500 a.C., o trigo representava apenas 15% da lavoura e, por volta de 2100 a.C., Ur tinha desistido totalmente dele.

Como os construtores do primeiro grande projeto mundial de irrigação, os sumérios dificilmente podem ser acusados por não preverem as conseqüências de sua nova tecnologia. Contudo, as pressões políticas e culturais certamente agravaram a situação. Enquanto as populações eram pequenas, as cidades eram capazes de desviar do problema prolongando os períodos sem cultivo, abandonando campos arruinados e trazendo novas terras para a produção, mesmo que isso representasse um aumento dos esforços e dos custos. Depois da metade do terceiro milênio, não havia mais novas terras para se ocupar. A população estava então em seu apogeu, a classe dominante era altamente opressiva e uma situação crônica de guerra era necessária para sustentar a manutenção dos exércitos — quase sempre um sinal, e uma causa, de problemas. Tal como os ilhéus de Páscoa, os sumérios fracassaram na reforma de sua sociedade de forma a reduzir o impacto no meio ambiente.[59] Ao contrário, tentaram intensificar a produção, especialmente durante o império de Acádia (aproximadamente entre 2350 e 2150 a.C.), e o seu canto de cisne ocorreu sob a Terceira Dinastia de Ur, que caiu em 2000 a.C.

O breve império de Ur apresenta o mesmo caráter que vimos na Ilha de Páscoa: a perseverança em relação a crenças e práticas incorporadas, a usurpação do futuro para se pagar o presente, o gasto das últimas reservas de capital natural em uma incessante embriaguez pela riqueza e pela glória excessivas. Os canais foram ampliados, os períodos sem cultivo foram reduzidos, a população cresceu e o excedente econômico foi concentrado na própria Ur para sustentar grandiosos projetos de construção. O resultado foi algumas poucas gerações de prosperidade (para os governantes) seguidas de um colapso do qual o sudeste da Mesopotâmia nunca se recuperou.[60]

Por volta de 2000 a.C., os escribas relatavam que a terra havia se "tornado branca".[61] Todas as colheitas, incluindo a cevada, fracassaram. A produção caiu a um terço de seus níveis originais. Os mil anos dos sumérios no ápice da história chegaram ao fim. O poder político se deslocou para o norte, para a Babilônia e a Assíria, e, muito mais tarde, sob o Islã, para Bagdá. O nordeste da Mesopotâmia apresenta uma drenagem melhor do que a do sul, não obstante também ali o mesmo ciclo de degradação se repetisse, império após império, até os tempos modernos. Ninguém, ao que parece, estava disposto a aprender com o passado. Hoje, quase metade da terra irrigada do Iraque é salina — a maior proporção do mundo, seguida pelos dois outros centros de civilização em planícies inundáveis, o Egito e o Paquistão.[62]

Quanto às antigas cidades da Suméria, algumas delas sobreviveram como aldeias, mas a sua maioria foi por fim abandonada. Mesmo depois de quatro mil anos, a terra ao seu redor permanece ácida e estéril, ainda branca pela poeira do progresso. O deserto no qual estão Ur e Uruk é um deserto produzido por seus povos.

IV

PROJETOS DE PIRÂMIDES

Nas florestas da península de Yucatán, em Belize, mora uma sedutora charmosa porém funesta, a quem os maias chamam de Xtabay. Ela é avistada por caçadores solitários que passam tempo demais nos arbustos e leva-os à loucura pela tentação. Eles a entrevêem atrás das folhas e não resistem a segui-la, esquecidos de tudo, quando se espessa o crepúsculo. Sempre a seguindo, chegam tão perto que podem sentir o odor selvagem de Xtabay e o toque delicioso de seus longos cabelos. Quando acordam (se é que acordam, porque muitos nunca mais são vistos), descobrem-se cortados, sangrando, com as calças arriadas e completamente perdidos.

Sexo, alimento, riqueza, poder, prestígio: tudo isso nos seduz a seguir adiante, nos faz progredir. E a essa lista podemos acrescentar o próprio progresso, em seu sentido moderno de coisas materiais que se aperfeiçoam cada vez mais, uma idéia que surgiu com a Revolução Industrial e que se tornou o seu grande artigo de fé.[1] As duas socieda des antigas cujo percurso delineei até aqui, a da Ilha de Páscoa e a da Suméria, provavelmente não tinham uma tal noção de progresso, mas mesmo assim foram seduzidas e arruinadas por seus próprios desejos.

Mas até que ponto se pode considerá-las como civilizações propriamente ditas? Seria a civilização algo inerentemente mal adaptado, uma experiência condenada por sua própria dinâmica? As ruínas espalhadas por toda a Terra parecem ratificar essa hipótese. Mesmo assim, a presença da civilização moderna em toda parte parece contradizer o passado. Seremos nós a exceção que domou Xtabay e que com ela viverá feliz para sempre?

Neste capítulo, pretendo primeiramente resumir os dois casos mais famosos de colapso interno — a queda de Roma, no século IV d.C., e a do período maia clássico, no nono século — para então observar brevemente dois casos fortemente resistentes, o do Egito e o da China. As civilizações romana e maia foram muito posteriores, muito maiores e, ao menos no caso de Roma, muito mais complexas do que a Suméria. Tal como os sumérios, os maias clássicos viveram em uma constelação de cidades-Estado rivais; no entanto, o ápice de sua população chegou a ser dez vezes maior que o auge sumério, alcançando entre 5 e 7 milhões de habitantes no total.[2] O Império Romano, em seu apogeu, governou cerca de 50 milhões de pessoas — um quarto da raça humana naquele tempo.

Os maias e os romanos não tiveram qualquer relação entre si. Eles surgiram em um mesmo momento, porém em laboratórios sociais separados: o novo e o velho mundo. Isso os torna úteis para o reconhecimento de comportamentos humanos que transcendem especificidades de tempo, espaço e cultura — modelos que, creio eu, podem ajudar-nos a responder duas das perguntas de Gauguin: *O que somos? Para onde vamos?*

A Ilha de Páscoa e a Suméria destruíram os seus ambientes tão devastadoramente e desmoronaram com tamanho impacto que se tornaram efetivamente extintas.[3] Todavia, Roma e os maias conseguiram sobreviver, após os seus colapsos, em formas "medievais" simplificadas, deixando descendentes diretos que são parte do mundo de hoje. Os herdeiros de Roma foram o Império Bizantino e as nações européias que falam os dialetos modernos do latim. Os maias não eram construtores de impérios, e qualquer que tenha sido o renascimento por eles alcançado foi impedido pela invasão espanhola no século XVI. Não obstante, a morte de sua cultura tem sido exagerada. Oito milhões de pessoas falam línguas maias hoje — aproximadamente o mesmo número do período clássico —, e muitas delas praticam formas de organização social, de crença, de arte, de astrologia e de calendário caracteristicamente maias.[4]

Em meu romance distópico, *A Scientific Romance*, um personagem chama a civilização de "um projeto de pirâmide" e, alguns anos mais tarde, eu mesmo usei a expressão como título de um artigo que se tornou a semente deste livro.[5] Uma pirâmide de pedra ou tijolo, que também pode ter a forma de estátuas colossais, túmulos ou arranha-céus de escritórios, é a aparência exterior e o sinal visível de uma pirâmide social humana. E a pirâmide humana é, por sua vez, sustentada por uma pirâmide natural menos visível — a cadeia alimentar e todos os outros recursos da ecologia circundante freqüentemente chamados de "capital natural".

Os percursos de Roma e dos maias também mostram, penso eu, que as civilizações freqüentemente se comportam como projetos comerciais "piramidais", que prosperam somente enquanto crescem. Elas acumulam riquezas no centro de uma periferia em expansão, que pode ser a fronteira de um império político e comercial ou uma colonização da natureza por meio do uso intensificado de recursos, ou ambos.

Uma tal civilização é, portanto, mais instável em seu auge quando alcança a demanda máxima da ecologia. A menos que surja uma nova fonte de riqueza ou energia, ela não tem mais espaço para aumentar a produção ou absorver o choque das flutuações naturais. O único caminho a seguir é continuar arrancando novos empréstimos da natureza e da humanidade.

Uma vez que a natureza começa a negar tais empréstimos — com a erosão, o fracasso da produção, a escassez e a doença —, o contrato social se quebra. As pessoas podem sofrer estoicamente por um certo período, mas, mais cedo ou mais tarde, a relação do governante com os deuses é desmascarada como uma ilusão ou uma mentira. Então os templos são saqueados, as estátuas são derrubadas, os bárbaros são bem-vindos e as nádegas nuas do imperador são vistas pela última vez, por uma janela do palácio, em sua rota de fuga.

Devo aqui fazer uma distinção entre colapsos verdadeiros e sublevações políticas, tais como as revoluções francesa, russa e mexicana. Embora a fome e o mau uso da terra tenham sido importantes nessas sublevações, a sua causa principal foi a exaustão do capital social, não do natural. À medida que essas sociedades se reorganizaram, os negócios da civilização não apenas continuaram, como se expandiram. Um verdadeiro colapso resulta na extinção ou quase extinção de uma sociedade, durante a qual um número muito grande de pessoas morre ou se dispersa. A recuperação, quando ocorre, demora séculos, uma vez que requer a regeneração do capital natural, ou seja, o lento resgate de árvores, água e cobertura do solo.

Imagine o mundo durante o apogeu de Roma às vésperas do ano 180, quando Marco Aurélio morre e começa a longa agonia do declínio. Nos dois milênios que se passaram desde a queda da Suméria, as civilizações prosperaram por todo o mundo. Em um dia típico do segundo século, o sol nasceria na China da dinastia Han, passaria sobre as estupas budistas da Índia mauriana, brilharia sobre os tijolos das ruínas nos vales do Indo e do Eufrates e demoraria mais de duas horas para atravessar o lago romano do Mediterrâneo. Nesse momento seria meio-dia em Gibraltar, os devotos estariam saudando o pôr-do-sol nos topos das pirâmides nas terras altas do México, na floresta da Guatemala e nos vales irrigados do Peru. Somente ao cruzar o Pacífico, movendo-se para o oeste, o sol não brilharia sobre cidades ou templos de pedra; mesmo assim, até aí, o cultivo e a construção de edifícios já teriam se iniciado — das ilhas Fiji às Marquesas, os primeiros caminhos polinésios através do hemisfério oceânico.

Atenas entrou em declínio a partir do século IV a.C., mas não antes de Alexandre ter espalhado a cultura e os colonizadores gregos desde o estreito de Dardanelos até o noroeste da Índia. O Egito, a mais conservadora civilização de todos os tempos, já havia experimentado muitos períodos de decadência e renovação, mas ainda guardava o seu antigo caráter por trás de uma fachada européia ao longo do delta do Nilo.

No século II d.C., declarou Edward Gibbon em seu *Declínio e queda do Império Romano*, "o império de Roma compreendia a maior parte da Terra e a porção mais civilizada da humanidade".[6] Povos de ascendência não-européia podem divergir dessas declarações, porém Gibbon tinha com certeza razão ao acrescentar que a queda de Roma "sempre será lembrada e ainda é sentida pelas nações da Terra". Os descendentes de Roma e do império maia clássico finalmente se encontraram quando os espanhóis invadiram o Novo Mundo. Todos os impérios europeus e neo-europeus, como os Estados Unidos,[7] tentaram se moldar segundo a sua imaginação dos ideais clássicos, muito embora a verdadeira Roma dificilmente tenha sido o império da ordem e do mármore cristalino sugerido pela sua arquitetura remanescente.[8] Assim como qualquer sociedade, os romanos cambaleavam de crise em crise, formulando leis à medida que se deparavam com sua necessidade. Na verdade, a democracia de língua inglesa deve tanto aos anglo-saxões quanto ao modelo clássico.

No último capítulo mencionei que os primeiros vilarejos agrícolas do mundo apareceram nas terras altas do Crescente Fértil ou Oriente Médio e que a humanidade conquistou a sua expulsão desse Éden, em 6000 a.C., pela devastação da terra. Milhares de anos depois, a triste história se repetiu na bacia mediterrânea, especialmente no terreno escarpado que outrora era coberto por densas e antigas florestas, um ecossistema do qual não sobrevive hoje quase nenhum vestígio. Mais uma vez, os principais vilões em toda a Grécia, no sudeste da Itália, no sudeste da França e na Espanha foram as queimadas, os caprinos e a derrubada de árvores. Um rebanho de cabras não significa apenas carne e leite, mas também uma reserva de capital, acumulada nos tempos de bonança e vendida ou consumida quando necessário. Capazes de sobreviver em quase todos os lugares, os caprinos freqüentemente criam um ambiente no qual poucos seres além deles mesmos sobreviverão.

Florestas podem suportar um certo nível de queimadas e devastação, porém, se há nelas um excesso de animais que pastam, as sementes são ingeridas e as árvores morrem de velhice. As presas selvagens se tornam escassas pela ação de predadores, incluindo os seres humanos. Mesmo assim os pastores quase sempre mantêm tantos animais que a pressão sobre o pasto torna-se implacável.[9] Em tempos de alta população e de pobreza agrária, o pastoreio é freqüentemente seguido do cultivo das encostas — enxadas e arados pondo fim ao que ainda restava de solo, uma visão comum no hoje chamado mundo em desenvolvimento.[10]

Os atenienses se alarmaram com a devastação já no século VI a.C. As populações gregas cresciam rapidamente naquele tempo, a maior parte da madeira já havia sido cortada e os pobres cultivavam encostas, já afetadas pelas cabras, com resultados desastrosos. Diferentemente dos sumérios, que poderiam não ter tido consciência da destruição causada pelos seus métodos de irrigação até que fosse tarde demais, os gregos compreenderam o que estava acontecendo e tentaram fazer algo. Em 590 a.C., o estadista Sólon, ao constatar que a pobreza rural e a alienação da terra por poderosos nobres atenienses estavam por trás de boa parte dos problemas, proibiu a servidão por dívidas e a exportação de comida; ele também tentou eliminar o cultivo de declives escarpados. Uma geração mais tarde, Pisístrato, um outro legislador ateniense, ofereceu subsídios para a plantação de oliveiras, o que teria sido uma medida eficaz, especialmente se combinada com aterros.[11] Porém, assim como acontece com tais esforços em nosso tempo, as vontades financeira e política não estavam à altura da tarefa. Cerca de 200 anos mais tarde, em seu diálogo inacabado *Crítias*, Platão narrou um quadro vívido do prejuízo assim causado, demonstrando um sofisticado conhecimento da conexão entre água e madeira:

> O que agora subsiste em comparação com o que existiu outrora é como o esqueleto de um homem doente, do qual toda a gordura e toda a terra macia desapareceram... As montanhas que agora não têm nada a não ser alimento para abelhas... tinham árvores há não muito tempo. [A terra] se enriquecia com as chuvas anuais, e não, como hoje, era levada por elas, resultado do fluxo, em direção ao mar, das águas sobre a terra devastada; ao contrário, o solo era profundo e com isso recebia a água e a mantinha na terra argilosa... alimentando as nascentes e gerando rios para todos os lados. Agora apenas santuários abandonados restam para indicar o lugar onde no passado abundavam as fontes.[12]

Não é coincidência que os poderes e as conquistas gregas começaram a decrescer por volta desse momento. A arqueologia revela um quadro similar em outros lugares do Mediterrâneo. O sudeste da Itália e a Sicília eram bem arborizados até cerca de 300 a.C., mas as árvores diminuíram rapidamente quando Roma e outras cidades começaram a crescer, trazendo fortes demandas de madeira, carvão e carne. Modelos de agricultura e de pecuária foram mais uma vez os responsáveis. Em várias bacias hidrográficas, tanta terra foi carregada das encostas para os estuários que pântanos foram formados e portos, tais como Ostia e Paestum, foram assoreados. Roma não entrou em colapso nos séculos imediatamente subseqüentes, de modo que essa primeira degradação obviamente não foi grave o suficiente para afetar a economia; não obstante, ela foi responsável pela diminuição na produção agrícola, pelo aumento da dependência da importação de grãos e pelo declínio rural no coração da Itália. "Há muito tempo", escreveu o poeta Ovídio pouco antes do tempo de Cristo,

> A Terra... tinha melhor a oferecer — colheitas sem cultivo,
> frutos nos ramos, mel no oco dos carvalhos.
> Ninguém dilacerava o solo com arados
> ou loteava a terra
> ou varria o mar com remos submersos —
> a costa era o fim do mundo.
> Ó astuta natureza humana, vítima de suas invenções,
> desastrosamente criativa,
> por que isolar cidades com muralhas elevadas?
> Por que se armar para a guerra?[13]

Até o tempo de Júlio César, as conquistas de Roma foram essencialmente iniciativas privadas. Os cidadãos romanos que iam para a guerra voltavam com espólios, escravos e um afluxo de tributos exigidos por agentes locais comissionados, cujas técnicas incluíam a extorsão e a agiotagem. Cícero declara que Brutus emprestou dinheiro a uma vila cipriota a uma taxa de juros de 48% — uma prática evidentemente comum e um primeiro precedente para a dívida do Terceiro Mundo.[14]

Fossem eles patrícios bem-nascidos ou milionários da noite para o dia, os soldados da sorte romanos queriam desfrutar e exibir as suas conquista em casa. O resultado foi uma explosão demográfica em toda a extensão da capital. Os camponeses eram despejados e levados a terras impróprias ao cultivo, o que teve conseqüências ambientais semelhantes àquelas que Sólon diagnosticou em Atenas. Fazendas de produção familiar não conseguiam competir com grandes Estados que usavam mão-de-obra escrava, sendo, portanto, forçadas ou à falência ou a vender tudo, o que fazia com que os seus jovens tomassem parte nas legiões. Os antigos componentes do campesinato romano eram transferidos com ainda menos legalidade. Assim como na Suméria, as terras públicas passavam rapidamente para mãos privadas, uma situação que os irmãos Graco tentaram remediar com uma reforma agrária no final do século II a.C. Porém a reforma fracassou, os camponeses se arruinaram e o Estado teve que apaziguar os ânimos das camadas mais pobres com a doação de trigo, uma solução que se tornava muito cara à medida que o proletariado urbano aumentava.

No período de Cláudio, 200 mil famílias romanas dependiam de doação governamental.[15]

Uma das ironias mais significativas da história de Roma é que a democracia nativa das cidades-Estado diminuía à medida que o império crescia. O poder real passou do senado para as mãos ávidas dos comandantes agrários, tais como Júlio César, que controlou exércitos e províncias inteiras. Deve ser dito que, em troca do poder, César deu a Roma reformas inteligentes — um precedente freqüentemente evocado por déspotas impacientes com a lei. "A necessidade", escreveu Milton, é sempre "a alegação do tirano".[16]

As civilizações antigas eram, em geral, de dois tipos — sistemas de cidades-Estado ou impérios centralizados — e ambos surgiram independentemente tanto no Velho quanto no Novo Mundo.[17] Com o eclipse de sua República por seu Império, Roma saiu do primeiro tipo de política e entrou no segundo (uma evolução semelhante aconteceu em outros tempos e lugares, mas ela não é absolutamente inevitável; vários países modernos, incluindo o Canadá e os Estados Unidos, apresentam características de ambos os tipos).

Alguns anos depois do assassinato de Júlio César e de uma nova série de guerras civis, o senado fez um acordo com o sobrinho-neto de César, Otaviano, que passou a se chamar Augusto e assumiu o novo ofício do *princeps*. Essas medidas deveriam se aplicar a um caso especial, durante a sua vida apenas. Na teoria, ele era o chefe magistrado ao lado do poder da República que ainda vigorava. Na realidade, a nova era da quase-monarquia começava.[18] O Império superou as instituições de sua cidade fundadora.

Augusto e muitos de seus sucessores se revelaram governantes capazes e esclarecidos. A maioria deles compreendeu, como ele, que havia chegado o momento de consolidação e integração do império. O sonho impávido de conquistar os domínios de Alexandre foi secretamente deixado de lado.[19] A fronteira oriental do Império se fixou no Eufrates, no Reno e no Danúbio. As outras principais fronteiras eram naturais: o Saara, os desertos da Arábia e a costa atlântica.

Os princípios de Augusto duraram, com muitos transtornos, por cerca de dois séculos; o Império Ocidental levaria, depois disso, mais dois outros séculos para morrer. A capital continuava a crescer muito depois de os seus domínios terem começado a se esgarçar nas bordas; assim como nos países modernos, a turbulência nas províncias levou as pessoas para o centro. Roma deve ter alcançado o auge de sua população no momento em que Constantino dividiu o Império, já no século IV d.C. Quer tenha ela alcançado um milhão de habitantes nesse momento (como argumentam alguns) ou cerca da metade disso, ainda assim era a maior cidade da Terra, ultrapassado suas contemporâneas na China e no México, que tinham várias centenas de milhares cada uma.[20]

Cidades de milhões de habitantes são um fenômeno recente, dependente do transporte mecanizado. No tempo de Henrique VIII, as maiores cidades da Europa ocidental — Paris, Londres e Sevilha — contavam com cerca de 50 mil pessoas cada, o mesmo número de Uruk nos tempos do *Gilgamesh*. Quando a rainha Vitória morreu, havia apenas 16 cidades no mundo com um milhão de habitantes ou mais, hoje há pelo menos 400.[21] Todas as cidades pré-industriais eram limitadas pela dificuldade em se obter mantimentos e livrar-se do lixo diariamente, um problema aumentado por cavalos e carroças. A melhor solução foi o transporte de água por uma rede de canais, tal como em Veneza e na Cidade do México asteca.[22]

A desagradável verdade é que até meados do século XIX, a maior parte das cidades era uma armadilha mortal, fervilhando de doenças, verminoses e parasitas. A expectativa de vida média na antiga Roma era de apenas 19 ou vinte anos — muito inferior à da neolítica Çatal Hüyük,[23] mas ligeiramente melhor do que no Black Country britânico, tão vividamente evocado por Dickens, onde a média caiu para 17 ou 18 anos.[24] Sem um influxo constante de soldados, escravos, mercadores e imigrantes esperançosos, nem a antiga Roma, nem a Londres georgiana conseguiriam chegar a números tão altos. Roma teve várias pandemias sérias, possivelmente de origem asiática e, na mesma medida em que causavam problemas fiscais e de mão-de-obra, também foram responsáveis por adiar o declínio do Império e por aliviar a pressão sobre a terra.

Há toda uma gama de explicações para a queda de Roma — pragas, envenenamento das lideranças, imperadores loucos, corrupção, barbarismos, cristandade —, e Joseph Tainter, em seu livro sobre os colapsos sociais, acrescentou a essas a lei de Parkinson. Sistemas complexos, argumenta ele, inevitavelmente sucumbem a rendimentos diminutos. Mesmo que outras coisas permaneçam iguais, os custos de se administrar e defender um império chegam, por fim, a níveis tão onerosos que se torna mais eficiente jogar fora toda a superestrutura imperial e retornar a formas de organização locais. Por volta do período de Constantino, o exército imperial permanente consistia em mais de meio milhão de homens, um gasto excessivo para um tesouro cuja receita dependia, sobretudo, da agricultura, especialmente no momento em que se garantia isenção fiscal a muitos grandes proprietários de terras.

A solução governamental foi diminuir a moeda usada para a folha de pagamento; ao final do processo, o denário continha tão pouca prata que se tornou, efetivamente, dinheiro de papel. O resultado foi uma inflação com proporções weimarianas. Uma medida de trigo egípcio, que era vendida por meio denário no apogeu do Império, custava 10 mil denários no ano de 338 d.C. No começo do quarto século, eram necessárias 4 mil moedas de prata para se comprar um *solidus* de ouro (moeda que circulava na Europa durante a Idade Média); ao fim do século, eram necessárias 180 milhões.[25] Os cidadãos, arruinados pela inflação e pela tributação injusta, começaram a desertar em favor dos godos.[26]

Porque Roma era uma sociedade letrada, ficamos sabendo de tais infortúnios à medida que eles afetavam patamares mais altos da pirâmide humana. Porém, sob as mazelas do corpo político, havia ainda uma degradação constante da pirâmide natural que sustentava todo o empreendimento. O trabalho arqueológico na Itália e na Espanha revelou uma grave erosão correspondente a altos níveis de atividade agrícola durante os tempos imperiais, seguida do colapso populacional e de seu abandono até o final da Idade Média.[27]

Enquanto o Império empobrecia os solos do sudeste da Europa, Roma exportava a sua carga ambiental para as colônias, tornando-se dependente dos grãos do norte da África e do Oriente Médio. As conseqüências podem ser vistas naquelas regiões até hoje. Antioquia, a capital da Síria romana, encontra-se sob cerca de trinta pés[28] de sedimentos trazidos pela água de encostas desmatadas, e as grandes ruínas líbias de Leptis Magna localizam-se hoje em pleno deserto.[29] Os antigos celeiros romanos estão repletos de areia e pó.

Essa não é, obviamente, toda a história. Roma controlou muitos meios ambientes, nem todos foram explorados de modo tão destrutivo. O norte da Europa, nos Alpes, com seu clima mais úmido e solo pesado, era impróprio para os arados rudimentares daquele tempo, por isso permaneceram apenas superficialmente colonizados. A Londres romana tinha apenas uma milha quadrada,[30] e o vilarejo balneário de Bath, cujas muralhas impressionaram um antigo poeta inglês como "algo majestático... a obra de gigantes",[31] abrangia apenas duas dúzias de acres.[32]

A história medieval confirma a evidência arqueológica: o império tombou mais gravemente em seu centro, na bacia mediterrânea, onde o impacto do custo ambiental se fazia sentir de maneira mais forte. O poder então se deslocou para a periferia, onde invasores germânicos, como os godos, os francos e os ingleses, fundaram pequenos

Estados étnicos nas terras que, ao nordeste, Roma não havia exaurido.

A própria grande cidade foi saqueada e parcialmente abandonada, tornando-se o prêmio disputado por infinitas guerras bárbaras e papais, e a sua população não voltaria a alcançar meio milhão de habitantes até o século XX.

Enquanto Roma conquistava um quarto da humanidade, um outro quarto — aquele que vivia nas Américas — estava, como já mencionei, levando a cabo experiências sociais semelhantes.[33] Durante o primeiro milênio anterior à era cristã, uma civilização chamada chavín espalhou o seu estilo ornamental de arte por boa parte do Peru.[34] Pouco tempo depois de Cristo, os templos em pedra de Tiwanaku foram erguidos ao lado do lago Titicaca, a uma altitude de cerca de 13 mil pés,[35] uma das mais altas cidades já construídas.[36]

A maior cidade das Américas durante o apogeu do Império Romano era Teotihuacan, no México central, um dos poucos centros urbanos do mundo a rivalizar em escala com a Roma daquele tempo. Abrangendo oito milhas quadradas,[37] com pirâmides escalonadas margeando uma ampla avenida cerimonial situada no eixo de uma grade, era maior em traçado do que a própria Roma, sendo, entretanto, menor em população.[38]

A civilização mesoamericana surgiu por volta de 1200 a.C. com os olmecas no Golfo do México; a sua arquitetura, escultura e matemática inspiraram tanto Teotihuacan quanto os maias, um povo que viveu na Guatemala, em Yucatán e em Honduras por pelo menos 4 mil anos.[39] Os arqueólogos definem o período maia clássico como começando por volta de 200 d.C., com a ascensão do reinado e das inscrições reais, porém a civilização maia começou muito antes disso. Um texto glífico de 400 a.C. foi encontrado e alguns dos maiores templos maias já construídos foram erguidos durante o século II a.C. em Calakmul e El Mirador.[40] As fundações de um dos prédios cobriam 22 acres[41] — uma base do tamanho da Bath romana.[42]

Nossa imagem usual dos maias — que aparece ao final do primeiro filme da trilogia *Guerra nas estrelas* — é a de templos se erguendo como arranha-céus destruídos frente ao dossel de uma floresta verde-esmeralda. Essa cena foi filmada nas ruínas de Tikal, a mais importante cidade maia do antigo período clássico, agora um santuário selvagem para centenas de espécies de pássaros e animais raros, como a jaguatirica e a onça. Há 1.200 anos, quando aqueles templos ainda eram cotidianamente usados, pouco ou nada dessa floresta estaria à vista. Tal como um rei sumério no topo de seu zigurate, o senhor de Tikal observaria dali apenas uma paisagem fabricada pelo homem: um centro urbano denso, com meia dúzia de templos íngremes com 200 pés[43] de altura, seguido de palácios, subúrbios e, finalmente, campos e fazendas que se estendiam no horizonte, onde cidades vizinhas se erguiam contra o céu.

Assim como em outros sistemas de cidades-Estado, a civilização maia era internamente competitiva, artística e intelectualmente fértil. Os maias pré-clássicos (juntamente com os olmecas) foram o primeiro povo no mundo a desenvolver numerais propriamente posicionais com o conceito de zero. Essa idéia matemática, que parece tão óbvia hoje, foi inventada apenas duas vezes na história. Ela passou em branco pelos gregos e por toda a Europa até que o sistema arábico (que se desenvolveu na Índia por volta de 600 d.C.) acabasse de uma vez, no final da Idade Média, com os embaraços dos numerais romanos.[44] A Mesoamérica foi também um dos únicos três ou quatro lugares a inventar a escrita, desenvolvida pelos maias em um sistema tanto fonético quanto glífico[45] (os outros foram a Suméria, a China e possivelmente o Egito; as escritas do resto do mundo foram ou derivadas desses, ou estimuladas pelo conhecimento da existência da escrita em uma sociedade vizinha[46]).

Usando a sua aritmética avançada em um calendário conhecido como de conta longa, os maias cartografaram o mistério do tempo, gravando acontecimentos astronômicos e avançando os cálculos mitológicos para o passado e o futuro — chegando às vezes a milhões de anos.[47] Os calendários são fonte de poder, algo de que também Júlio César, que cunhou o nome do mês de julho em sua homenagem, tinha consciência. Apenas três antigos livros maias sobreviveram, mas são o bastante para revelar a mais apurada astronomia até o Renascimento europeu, momento em que o calendário de César já apresentava dez dias de descompasso em relação ao sol.

O contrato social entre os reis maias e os seus súditos era de que, por meio de um conhecimento e um ritual especiais, os legisladores manteriam a terra em sintonia com o céu, assegurando boas colheitas e prosperidade. Nisso, eles obtiveram grande sucesso. Durante o final do período clássico, no século XVIII d.c., as populações rurais eram tão densas quanto as do sudeste pré-industrial asiático.[48] O reino Tikal sozinho, dependendo de como são definidas as suas fronteiras, pode ter tido meio milhão de habitantes.[49] Os outros Estados — uma dúzia de centros importantes e cerca de cinqüenta outros — eram muito menores e parecem ter sido organizados em alianças alternadas, de modo bem semelhante ao das nações modernas.

A maioria dos maias vivia no campo, em atividades rurais. Mesmo distantes de uma cidade, eles chegavam a 500 habitantes por milha quadrada[50] de solo bom.[51] Costumava ser um mistério como a frágil ecologia de uma floresta tropical, que se acreditava cultivada pela limpeza (corte e queima), era capaz de suportar tamanha densidade. Agora se sabe que os maias praticavam agricultura intensiva nos pântanos por meio de um método chamado de campos suspensos, redes talhadas de canais e valas que drenavam a terra na estação chuvosa e irrigavam-na na seca. Os peixes eram mantidos nesses canais, cujas dragagens eram usadas como fertilizantes juntamente com adubos e esterco. Como diziam, de maneira tão melindrosa, os vitorianos na Índia, os campos maias eram "auto-adubados".[52]

Os vilarejos maias, assim como boa parte das pequenas sociedades, foram a princípio comunitários — porém, uma pirâmide social familiar foi erguida juntamente com as pirâmides de pedra. E a natureza, obviamente, teve que suportar tudo isso. Estudos de pólen antigo confirmam que, com o crescimento das cidades, a floresta morreu sob golpes de machados de pedra. Campos de milho se alastravam e as árvores se extinguiam, com um correspondente declínio na caça, a principal fonte de proteína dos maias além do peixe, do peru e de um eventual cachorro despelado. Em meados do período clássico, apenas a classe mais alta dos maiores Estados comia carne.

Cada cidade teve o seu estilo próprio. Copan produziu uma escultura complexa, as estátuas de seus reis (comparadas por Aldous Huxley a porcelanas chinesas) irradiavam ordem e refinamento.[53] Os palácios de Palenque eram leves e criativos, adornados com painéis em baixo-relevo e estuque finamente modelado. Tikal tornou-se um lugar imponente e vertical, as suas construções centrais foram as mais altas nas Américas até o final do século XIX — uma Manhattam de torres *art déco* (a semelhança não é desproposital: a arquitetura maia influenciou os estilos modernos, especialmente nas formas dos primeiros arranha-céus e na obra de Frank Lloyd Wright[54]).

Agora que as inscrições maias podem ser lidas, elas refutaram antigas noções da vida do período clássico como algo sublime e sereno. Além de todas as grandes explorações do tempo cósmico, os textos públicos também são uma forma de propaganda real, que decreta aniversários, ascensões ao poder, morte, vitórias e golpes de Estado. Durante o século VIII, quando os problemas começaram a borbulhar, essas declarações se tornaram ainda mais estridentes, revelando a disputa pelo poder e pelos recursos em um mundo que se escasseava. O militarismo toma o controle, antigas alianças são quebradas, dinastias se tornam instáveis e a classe dominante se exalta em extravagantes projetos de construção. Tikal foi construída ao longo de 1.500 anos, porém todas as altas torres que ainda guardam a floresta foram erguidas durante o último século da cidade, florescimentos dispendiosos às vésperas do colapso.[55]

Quando as grandes cidades oscilavam, os novos ricos começavam a se afirmar, tal como aconteceu na Grécia durante a Guerra do Peloponeso. Na cidade maia de Dos Pilas, que ensaiou uma fracassada tomada de poder em meados do século VIII, as escavações revelaram uma cena dos últimos dias: as pessoas amontoadas na praça central, arrancando pedras dos templos para construir barricadas. Igualmente pungentes são as pinturas nas paredes da pequena cidade de Bonampak, que encomendou um conjunto de afrescos para recordar a sua grande vitória na década de 790.[56] A cena da batalha, desenhada por um mestre, é uma das mais vivas e mais elaboradas da arte antiga, afinal, os prisioneiros foram retratados ensangüentados nos degraus do templo, ao lado de uma parada musical e de cenas de mulheres da realeza que presenteavam o reino com um herdeiro. Tudo é muito *nouveau riche*. E muito breve. As pinturas nunca foram concluídas, os escribas nunca escreveram a tal história gloriosa, os blocos para legendas permaneceram sem preenchimento, um silêncio mais verdadeiro do que qualquer coisa que poderia ter sido dita.

No ano de 810 Tikal registrou suas últimas datas.[57] Uma por uma as cidades se silenciaram, não havendo mais nenhuma dedicatória nos monumentos até que, em 18 de janeiro de 909 (10.4.0.0.0 para os maias), a última data foi gravada (em Toniná) e a enorme maquinaria do calendário de conta longa parou de girar.[58]

O que houve de errado? Tal como em Roma, os suspeitos habituais — a guerra, a seca, a doença, a exaustão do solo, a invasão, a falência do comércio, a revolta camponesa — foram questionados. Alguns deles são súbitos demais para dar conta de um colapso que durou mais de um século. Mas muitos desses elementos afluiriam de um mal-estar ecológico. Mais uma vez, estudos de sedimentos mostram uma vasta erosão. Não há caprinos para acusar neste caso, mas pequenas perdas, ano a ano, se acumularam e contribuíram para a falência. Os machados de pedra são mais lentos do que os de aço e as enxadas mais gentis que os arados, não obstante, uma quantidade suficiente deles é capaz de realizar, no fim das contas, a mesma tarefa.

A fertilidade de uma floresta tropical concentra-se, sobretudo, nas árvores. O desmatamento moderno na Amazônia mostra que o solo argiloso tropical pode ser destruído em poucos anos. Os maias compreenderam o seu solo e o conservaram melhor do que os colonizadores de hoje, armados com serras elétricas, mas, por fim, a demanda superou a oferta. David Webster, que escavou nos principais sítios e escreveu um livro recente sobre a derrocada dos maias, diz o seguinte sobre as maiores cidades-Estado: "A explicação mais convincente que temos para o colapso do reino de Tikal é a superpopulação e a falência agrária, com todas as suas respectivas conseqüências políticas."[59]

A sua conclusão se aplica à maior parte das terras baixas centrais. A pomposa cidade maia de Copan, que se localiza em um vale hondurenho cercado por escarpas íngremes, caiu em uma armadilha comum — a mesma que hoje custa milhões de hectares por todo o mundo. A cidade começou como um pequeno vilarejo em uma terra baixa de boa qualidade, um modelo de ocupação à primeira vista racional e inofensivo. Mas, com o crescimento da cidade, pavimentou-se cada vez mais a sua melhor terra. Os fazendeiros foram expulsos para os solos frágeis das encostas, cujas árvores sustentadoras foram derrubadas. Quando a cidade morreu, tantos sedimentos foram trazidos com a água que casas e ruas inteiras foram soterradas.[60]

Os ossos humanos dos sítios clássicos mostram uma crescente divisão entre ricos e pobres — os ricos se tornavam cada vez mais altos e pesados, enquanto os camponeses se tornavam mirrados. Com a aproximação do fim, todas as classes parecem ter sofrido um declínio geral na saúde e na expectativa de vida. Se tivéssemos múmias maias para examinar, provavelmente as encontraríamos carcomidas por parasitas e com doenças derivadas da má nutrição, tal como os antigos egípcios. Webster crê que no auge da magnificência de Copan, durante o longo reinado do rei Yax Pasaj, "a expectativa de vida era curta, a taxa de mortalidade era alta, as pessoas ficavam freqüentemente doentes, eram mal nutridas e tinham um aspecto decrépito".[61]

Restos de casas mostram que, em um século e meio, a população de Copan explodiu de cerca de 5 mil para um pico de 28 mil habitantes em 800 d.C., permanecendo alta por cerca de um século e então caindo pela metade em cinqüenta anos, depois do que chegou a praticamente zero por volta de 1200 d.C. Não podemos atribuir esses números à imigração ou à emigração em massa, uma vez que um padrão muito parecido acontece ao longo de toda a área maia. O gráfico, observa Webster, "se parece muito com o tipo de ciclo de 'explosão e colapso' associado às... populações de animais selvagens".[62] Ele poderia tê-lo comparado a algo mais imediato: a quintuplicação de Copan em apenas um século e meio aponta para exatamente a mesma taxa de crescimento do salto do mundo moderno de cerca de 1,2 bilhão de habitantes em 1850 para seis bilhões em 2000.

Alguns especialistas atribuem a derrocada a uma grave seca no começo do século IX, um *dust bowl* maia. Contudo, o colapso em muitas áreas já havia começado nessa época.[63] Durante o seu auge no século VIII, as grandes cidades no centro das terras maias estavam chegando ao seu limite. Já haviam gastado todo o seu capital natural. A floresta foi cortada, os campos foram exauridos, a população era grande demais. E a explosão de edifícios tornou as coisas ainda piores ao demandar mais terras e madeiras. A sua situação era instável, vulnerável a qualquer reviravolta nos sistemas naturais. Uma seca — mesmo que não fosse mais grave do que as outras que os maias tinham experimentado anteriormente — teria sido mais um golpe final do que uma causa.[64]

Com o acúmulo de crises, a resposta dos governantes não foi a de buscar um novo curso, cortar despesas em ações militares e reais, concentrar esforços na recuperação do solo pelo aterramento ou fomentar o controle de natalidade (cujos meios os maias provavelmente conheciam). Não, eles puseram mãos à obra para continuar a fazer o que sempre fizeram, apenas de modo mais intenso. A sua solução foi pirâmides mais altas, mais poder aos reis, trabalhos mais pesados para as massas e mais guerras com os estrangeiros. Em termos modernos, a elite maia tornou-se extremista ou ultraconservadora, espremendo as últimas gotas dos benefícios da natureza e da humanidade.

Dos quatro casos que analisamos até aqui, dois — a Ilha de Páscoa e a Suméria — não puderam se recuperar porque a sua ecologia era incapaz de se regenerar. Os outros dois, Roma e os maias, tiveram um grave colapso em seus centros, onde a demanda ecológica foi maior, mas deixaram sociedades remanescentes, cujos descendentes chegaram até os tempos modernos. Durante mil anos de pouca população, a terra em ambos os países conseguiu se recuperar — com o auxílio de erupções vulcânicas e pandemias.[65] A Itália não é uma Ilha de Páscoa e a Guatemala não é uma Suméria.[66]

Há um enigma aqui: por que, se as civilizações tão freqüentemente se destroem, a experiência geral da civilização tem tanto sucesso? Se Roma não conseguiu se alimentar a longo prazo, como é possível que, para cada pessoa na Terra no período do Império Romano, haja hoje trinta outras?

A regeneração natural e a migração humana são parte da resposta. As antigas civilizações eram locais, alimentadas por ecologias particulares. Quando uma caía, uma outra era capaz de se erguer em outro lugar. Grandes extensões do planeta ainda eram muito superficialmente ocupadas. Um rápido panorama da Terra visto do espaço mostraria civilizações irrompendo como incêndios florestais em uma região depois da outra. Algumas foram isoladas e espontâneas, outras foram transportadas de um lugar para outro ao longo dos séculos, como faíscas em um vento cultural. Algumas poucas flamejaram uma segunda vez, em um bom local, depois de um longo período de inatividade, reacendendo carvões antigos.

Uma segunda resposta é que, enquanto a maior parte das civilizações ultrapassou os limites naturais e colapsou em cerca de mil anos, nem *todas* o fizeram. O Egito e a China foram capazes de continuar se inflamando sem esgotar o seu combustível natural por mais de 3 mil anos. O que os tornou diferentes?

O Egito, como escreveu Heródoto, era "a década do Nilo", seus campos eram regados e seus solos revigorados a cada ano por uma camada de sedimentos derivados das enchentes. As encostas desertas que margeiam o rio de ambos os lados mostraram desde o início quais seriam os limites da agricultura; não havia colinas arborizadas ou florestas que incentivassem uma explosão populacional em solos efêmeros.[67] O Nilo e seu delta ofereciam apenas 15 mil milhas quadradas[68] de terra cultivável, uma área do tamanho da Holanda, desenhada na forma de um lótus cuja cabeça toca o mar. Os métodos de cultivo egípcios eram simples — tão conservadores quanto a própria cultura — e trabalhavam com, e não contra, o ciclo natural das águas.[69] A estreiteza e a drenagem do vale do Nilo contiveram o acúmulo de sal que envenenou a Suméria e, ao contrário dos maias e de nós mesmos, os antigos egípcios não caíram na armadilha da construção em terras agrícolas.⁷⁰

O crescimento da população egípcia foi extraordinariamente lento. Ao longo dos períodos faraônico, romano e arábico, permaneceu abaixo da média mundial — levando 3 mil anos, do antigo reinado ao tempo de Cleópatra, para se elevar de menos de 2 milhões a 6 milhões de habitantes, sem que houvesse um aumento posterior até o século XIX, quando começou a irrigação moderna.⁷¹ Isso nos mostra que 6 milhões de pessoas, ou quatrocentos habitantes por milha quadrada⁷², era a capacidade de sustento das terras cultivadas no Nilo, um limite implacavelmente imposto pela escassez nos momentos de oscilação do rio e pelos altos índices de doenças relacionadas à água.⁷³ A natureza fez com que o Egito vivesse no limite de seus meios. Mas os meios egípcios eram mantidos por outros — recuperados a cada ano pelo Nilo à custa de outros povos agrários rio acima, nas terras altas da Etiópia.

A China também recebeu mais do que uma porção justa de superfície do solo, embora o seu caso seja de um depósito total e não de prestações anuais. Muito tempo antes do início da agricultura, ventos secos que varriam a massa territorial da Eurásia retiraram a cobertura do solo exposta pelo derretimento das geleiras e depositaram-na na China sob a forma de loess, uma terra cor de leão que dá nome ao rio Amarelo. Os depósitos se apresentam com centenas de metros de espessura em platôs férteis, esculpidos aqui e ali por precipícios íngremes ou espalhados em planícies aluviais mais baixas. Essa terra era quase infinitamente magnânima, onde a erosão simplesmente expunha novas camadas de terra de boa qualidade.[74] A civilização na China começou mais de mil anos depois do Egito, mas em pouco tempo ultrapassou-o em escala e se espalhou até outras zonas climáticas. No auge do império Han, a China governava 50 milhões de pessoas da Mongólia ao Vietnã — o mesmo número de seu contemporâneo e distante parceiro comercial, Roma.[75]

A queda da dinastia Han no século III d.C. deveu-se a causas mais políticas do que ecológicas. A China em pouco tempo se revitalizaria com novas idéias provenientes da Índia e com a expansão para o sul do cultivo de arroz, um dos mais produtivos sistemas agrários já elaborados.

Mesmo assim, se quisermos examinar o Egito e a China mais de perto, havemos de descobri-los menos firmes do que parecem ao longe. Por volta de 2000 a.C., por exemplo, uma série de enchentes no baixo Nilo espalhou a fome e a revolta, derrubando o Antigo Reinado. Também na China, camponeses famintos se rebelaram contra as elites opressoras. Em uma ocasião repleta de ironia social, eles escavaram a tumba de um imperador, roubaram as armas do seu exército esculpido em terracota e usaram-nas para derrubar a dinastia Ch'in.

Apesar desses percalços e dos recorrentes ataques de fome e de doenças, as ecologias generosas do Egito e da China permitiram o seu renascimento antes que a cultura perdesse o rumo.[76]

"Uma cultura", disse W. H. Auden, "não é diferente de suas árvores." As civilizações desenvolveram muitas técnicas para fazer com que a terra produzisse mais comida — algumas sustentáveis, outras não. A lição que vejo no passado é a seguinte: a saúde da terra e da água — e das árvores, que são os mantenedores das águas — pode ser a única base remanescente para a sobrevivência e o sucesso de qualquer civilização.

Por fim, a partir dos restos de terra arborizada deixados em zonas-tampão entre as cidades-Estado destruídas, a floresta maia renasceu. Uma família que ocupasse o palácio vazio de Tikal — como por fim fizeram algumas delas — veria os espinhos e os brotos reivindicando os seus antigos campos, veria os arbustos avançando pelas ruas e ouviria as vozes desconfiadas da vida selvagem que retornava. Refletindo sobre o lento renascimento da fertilidade e a sua eventual promessa, eles talvez concordassem com Kafka: "Há esperança; embora não para nós."

V
A REVOLTA DAS FERRAMENTAS

TENHO UMA QUEDA POR comentários cínicos. Um deles, relevante para os acasos do progresso, diz que "a cada vez que a história se repete o preço aumenta". O colapso da primeira civilização da Terra, a Suméria, afetou apenas meio milhão de pessoas. A queda de Roma afetou dezenas de milhões. Se a nossa falhar, isso traria, obviamente, a catástrofe a bilhões.

Até aqui analisamos quatro sociedades antigas — a Suméria, Roma, os maias e a Ilha de Páscoa — que, em um espaço de tempo de cerca de mil anos cada uma, consumiram os dotes oferecidos pela natureza e entraram em colapso. Também mencionei duas exceções, o Egito e a China, que alcançaram uma duração de 3 mil anos ou mais.

Joseph Tainter, em seu livro sobre os colapsos do passado, define três tipos de problema, que, em geral, agem em conjunto: o Trem Descarrilado, o Dinossauro e o Castelo de Cartas.[1] A irrigação suméria foi certamente um trem descarrilado, uma rota desastrosa da qual eles não puderam se desviar, o fracasso dos governantes em solucionar o problema os qualifica como dinossauros e a queda rápida e irreparável da civilização mostra ter sido ela, também, um castelo de cartas.

Algo muito parecido pode ser dito dos outros fracassos e, assim, somos defrontados com algo mais profundo do que meros erros em um tempo ou em um lugar particulares. A invenção da agricultura é ela mesma um trem descarrilado, que leva à vasta expansão das populações e raramente soluciona o problema da alimentação devido a duas conseqüências inevitáveis (ou praticamente inevitáveis). A primeira delas é biológica: a população cresce até atingir os limites de seu suprimento alimentar. A segunda é social: todas as civilizações se tornam hierárquicas e a concentração vertical de riquezas assegura que nunca haverá o suficiente para todos. O economista Thomas Malthus explorou o primeiro dilema e vários pensadores, de Cristo a Marx, abordaram o segundo. Como diz um ditado chinês, "um camponês tem que passar muito tempo com a boca aberta em uma colina até que um pato assado entre nela voando".

A civilização é uma experiência, um modo de vida muito recente na carreira humana, que tem o hábito de cair no que eu chamo de armadilhas do progresso. Um pequeno vilarejo sobre uma terra fértil ao lado de um rio é uma boa idéia; mas quando o vilarejo se torna uma cidade e pavimenta toda a terra boa, ele se torna uma má idéia. Enquanto a prevenção teria sido simples, a cura pode ser impossível: uma cidade não é facilmente deslocada.

Essa incapacidade humana em prever — ou se precaver de — conseqüências a longo prazo pode ser inerente à nossa espécie, moldada pelos milhões de anos que vivemos sem pensar no futuro, apenas caçando e coletando. Pode também não passar de uma mistura de inércia, ganância e ignorância reforçada pela forma da pirâmide social. A concentração de poder no topo das sociedades de grande escala dá às elites um interesse velado no *status quo*; elas continuam a prosperar em tempos sombrios, e isso se mantém ainda muito tempo depois de o meio ambiente e a população em geral terem começado a sofrer.

Não obstante, apesar dos destroços, espalhados por toda a Terra, das civilizações passadas, a experiência geral da civilização continuou a se alastrar e a crescer. Os números (à medida que podem ser estimados) sucumbem da seguinte maneira: uma população mundial de cerca de 200 milhões no auge de Roma, no século II d.C.; de cerca de 400 milhões em 1.500, quando a Europa chegou às Américas;[2] de um bilhão de pessoas em 1825, no início da Era do Carvão; de dois bilhões em 1925, quando se inaugurava a Era do Petróleo e de 6 bilhões no ano 2000. Ainda mais espantoso que o crescimento é a aceleração. Acrescentar 200 milhões de pessoas à população mundial depois de Roma levou 13 séculos; acrescentar os últimos 200 milhões levou apenas três anos.[3]

Tendemos a ver a nossa própria época como excepcional e sob vários aspectos ela o é. Mas a tacanhice do presente — o modo como os nossos olhos acompanham a bola e não o jogo — é perigosa. Absorvidos no aqui e no agora, perdemos de vista a nossa própria trajetória ao longo do tempo, esquecendo de nos fazer a pergunta final de Paul Gauguin: *para onde vamos?* Se tantas eras precedentes ultrapassaram os limites naturais e ruíram, como é que o nosso trem descarrilado (se é disso que se trata) tem sido capaz de continuar aumentando a sua velocidade?

Sugeri anteriormente que as civilizações chinesa e egípcia tiveram uma duração excepcional porque a natureza concedeu-lhes os pródigos subsídios de uma cobertura de solo extra, trazida de outros lugares pelo vento e pela água. Mas algum crédito deve também ser atribuído à ingenuidade humana. O número de bocas que um hectare de terra pode sustentar e o período de tempo que pode permanecer sustentando-as não dependem apenas da fertilidade natural. A civilização de fato obteve avanços na agricultura com o passar do tempo. O cultivo misto com o uso de esterco animal e humano nas terras aradas se mostrou infinitamente sustentável nas terras altamente argilosas do nordeste da Europa. O rodízio de culturas e o uso de "adubo verde" (a recuperação do solo por plantas fixadoras de nitrogênio) aumentaram consideravelmente as colheitas nos tempos modernos. O desenvolvimento asiático do cultivo irrigado de arroz foi altamente produtivo e os seus campos precisamente nivelados incentivaram o cultivo sustentável das encostas. A civilização islâmica na Espanha não apenas possibilitou o aprendizado do Clássico à Europa do final da Idade Média, como também revigorou a paisagem erodida deixada por Roma, através da construção de aterros com plantações de oliveiras e avançados sistemas de irrigação. Nos Andes, os incas e os pré-incas construíram uma agricultura eficiente nas montanhas a partir de terraços em pedra escalonados, irrigados pelas correntes glaciais e fertilizados com guano, que extraíam de antigos ninhos de aves marinhas em áridas ilhas costeiras. Estudos sobre os terraços andinos, em uso durante os últimos 1.500 anos, mostram que não houve perda de fertilidade.[4]

Esses aperfeiçoamentos constantes nos métodos de agricultura podem explicar um crescimento constante na população, mas não a grande explosão demográfica dos últimos séculos. A mecanização e o saneamento podem ser responsáveis pelos últimos estágios da explosão, mas não pelo seu começo, que antecede a maquinaria agrícola e a saúde pública. O ponto de partida aconteceu cerca de um século depois de Colombo. Coincide com o momento em que os estranhos frutos da conquista espanhola começaram a ser digeridos. A Europa recebeu o maior subsídio de todos quando metade de um planeta, totalmente desenvolvida, mas praticamente desprotegida, caiu repentinamente em suas mãos.

Se a América fosse uma selva, os invasores não teriam tirado muito dela durante um longo tempo. Cada campo teria que ser aberto na floresta, cada cultivo teria que ser importado e adaptado, cada mina descoberta, cada estrada aberta por entre desertos e cordilheiras, sem qualquer trilha prévia. Porém, esse mundo desconhecido tinha tido as suas próprias revoluções neolíticas e tinha construído uma série de civilizações em uma rica base agrária.

As três Américas formavam um mundo complexo muito semelhante à Ásia, povoado por 80 a 100 milhões de pessoas — algo entre um quinto e um quarto da raça humana. As formas políticas mais poderosas em 1500 eram o Império Asteca, o sistema de cidades-Estado dominado pela conurbação conhecida como México, e o Império Inca, ou Tawantinsuyu,[5] que se estendia ao longo de 3 mil milhas[6] entre os Andes e a costa do Pacífico. Cada uma delas abrangia algo em torno de 20 milhões de pessoas — um meio-termo na escala entre o antigo Egito e Roma.[7] Com 250 mil cidadãos, a capital asteca era então a maior cidade das Américas e uma das seis maiores do mundo. O Império Inca era menos urbano, mas extremamente organizado, com 14 mil milhas[8] de estradas pavimentadas, uma economia poderosa e amplos projetos de aterro e irrigação, construídos através de um sistema de mão-de-obra assalariada em vez de escravidão. Embora muito distante de um paraíso dos trabalhadores, ele passaria, em pouco tempo, a ser visto como tal pelos sobreviventes sob o governo espanhol.[9] Ambos os impérios eram jovens, herdeiros de outros mais antigos, e poderiam ter séculos à sua frente se nenhum estrangeiro tivesse chegado.[10] Mas eles aguardavam os intrusos como um pomar de frutas maduras.

Os historiadores do meio ambiente Alfred Crosby e William McNeill mostraram, na década de 1970, que os verdadeiros conquistadores do Novo Mundo foram os germes: assassinos em massa tais como a varíola, a peste bubônica, a gripe e o sarampo. Eles chegaram pela primeira vez com os europeus (que lhes tinham resistência) e agiram como armas biológicas, matando os governantes e pelo menos metade da população do México e do Peru no primeiro ataque.[11] "Os triunfos miraculosos" dos conquistadores, escreveu Crosby, "são em grande parte os triunfos do vírus [da varíola]".[12] Apesar de suas armas e cavalos, os espanhóis não alcançaram nenhuma de suas maiores conquistas no continente *anteriormente* à disseminação de uma pandemia de varíola. Antes disso, os maias, os astecas, os incas e os floridianos todos repeliram os primeiros esforços de invasão.[13]

Alguns anos atrás, o Pentágono apresentou o projeto de uma arma *à la* Dr. Strangelove chamada bomba de nêutrons, que, ao ser lançada sobre as cidades russas, produziria uma explosão de radiação que mataria todas as pessoas, mas deixaria as propriedades intocadas.[14] Os invasores europeus da América tinham na doença uma arma com exatamente esse efeito. Que ninguém diga que o Novo Mundo foi derrubado sem luta: as batalhas pela Cidade do México e por Cusco estão dentre as mais duras travadas na história.[15] Mas, uma vez rasgada a cortina epidemiológica, os guerreiros se tornaram poucos demais para defender o que os seus ancestrais tinham construído ao longo de 10 mil anos. "Eles morriam aos montes, como percevejos", escreveu um frade espanhol no México.[16]

À exceção das Grandes Planícies e das suas regiões geladas, mesmo a América do Norte não era selvagem em 1500. Hollywood pode nos ter persuadido de que o índio "típico" era um caçador de búfalos. Porém, todas as zonas temperadas dos Estados Unidos, do sudoeste ao sudeste, e ao norte até o Missouri, Ohio e os Grandes Lagos, eram densamente habitadas por povos agricultores. Quando os peregrinos chegaram a Massachusetts, os índios tinham morrido tão recentemente que os brancos encontraram cabanas vazias, estoques de milho para o inverno e campos limpos esperando pelo plantio: um sinal do avanço predatório dos colonos pelo continente. "Os europeus não encontraram uma selva aqui", escreveu o historiador norte-americano Francis Jennings, "eles construíram uma."[17]

Para os espanhóis, a doença foi uma arma ainda mais eficiente do que a bomba de nêutrons, porque permitiu que sobrevivessem apenas os ameríndios necessários para trabalhar nas minas.[18] Os tesouros asteca e inca foram apenas o primeiro pagamento de todo o ouro e a prata que fluiria através do Atlântico durante séculos.[19] Karl Marx foi um dos primeiros economistas a ver que, financeiramente, a Revolução Industrial começa com o ouro de Atahualpa. "Uma condição indispensável para o estabelecimento da indústria manufatureira", disse ele em 1847, "foi o acúmulo de capital viabilizado pela descoberta da América e pela importação de seus metais preciosos."[20] Os banqueiros genoveses e alemães que financiaram o império espanhol nadavam em barras de ouro e procuravam algo para fazer com elas. Boa parte delas encontrou seu caminho no nordeste da Europa, financiando a construção de navios, a fabricação de armas e outros empreendimentos imperialistas. Outra boa parte se foi nas guerras européias — e as guerras entre pares são as mães da invenção. De um modo que Mao Zedong não previu, o poder de fato surgiria do cano de uma arma: do "tubo fumegante" do canhão descende o cilindro dos motores a vapor e a petróleo.

O ouro e a prata formaram apenas um lado do triângulo transatlântico composto por saque, terra e trabalho. Os hectares órfãos do Novo Mundo — e sobretudo as suas lavouras — se revelariam a longo prazo muito mais valiosos do que o seu metal. Em seus jantares de Ação de Graças, os devotos norte-americanos agradecem a Deus por lhes proporcionar alimentos em plena "selva", depois do que devoram uma enorme refeição à base de peru, milho, feijão, abóbora e batata. Todos esses alimentos foram desenvolvidos, ao longo de milhares de anos, pelas civilizações do Novo Mundo. Também é difícil imaginar o curry sem a pimenta, a comida italiana sem o tomate, os suíços e os belgas sem o chocolate, os havaianos sem o abacaxi, os africanos sem a mandioca e os britânicos com peixe, mas sem batata.

Além do seu efeito sobre a dieta, as novas lavouras trouxeram um aumento dramático na produção — na África e na Ásia, assim como na Europa. O milho e a batata são duas vezes mais produtivos do que o trigo e a cevada, demandando apenas metade da terra e da força de trabalho para produzir a mesma quantidade de alimento.[21] As populações cresceram e um grande número de pessoas deixou a zona rural, gerando excesso de mão-de-obra da Grã-Bretanha à Costa do Sol.[22] Ao norte, essas pessoas acabaram em moinhos e em fábricas, enquanto na África elas se tornaram moeda de troca por bens manufaturados, especialmente armas.[23]

Os europeus transportaram africanos através do Atlântico para substituir os indígenas americanos e fizeram-nos cultivar açúcar, algodão e café para as cidades européias.[24] Mais tarde, também a Europa começou a exportar pessoas em excesso — para preencher as pradarias e os pampas, que se revelaram ideais para o cultivo de trigo e cevada. Com a invenção do maquinário agrícola, os grãos do Velho Mundo passaram a demandar menos trabalho intensivo e com a redescoberta e o uso mundial do guano — um outro presente da agricultura inca — a produção das lavouras aumentou.[25] Quando os depósitos de guano e de outros fertilizantes naturais foram exauridos, a agricultura comercial se tornou quase totalmente dependente de fertilizantes químicos elaborados a partir de petróleo e gás. A energia fóssil não apenas move, como também alimenta o mundo moderno. Nós estamos literalmente comendo petróleo.[26]

Em 1991, William McNeill concluiu: "O crescimento moderno da população, sustentado em grande parte pelas novas lavouras, é um processo ainda em curso, com drásticos e imprevisíveis resultados ecológicos."[27] Nos 13 anos que se passaram desde que ele escreveu isso, um bilhão de outras pessoas apareceu na Terra — o equivalente a toda a população mundial no início da mecanização em 1825. Um bilhão é provavelmente o número aproximado de pessoas capazes de se alimentar indefinidamente, através da força muscular, se a civilização industrial ruir.

Nunca saberemos quando, onde ou sequer se a Revolução Industrial ocorreria se a América não existisse. A minha aposta é de que ela ocorreria — porém mais tarde, mais gradualmente e de um modo diferente. Teria início na China, em vez de na Europa, ou em ambas.[28] Mas isso se refere àquela escola da história que trata de "o que aconteceria se". Tudo o que podemos dizer é que as coisas teriam se transformado mais lentamente e seriam bem diferentes. O mundo que temos hoje é um presente do Novo Mundo.

O Novo Mundo foi, portanto, realmente o Eldorado. Foi também a Utopia. Os primeiros relatos sobre as sociedades da Amazônia influenciaram o livro de Sir Thomas More, publicado em 1516, que leva esse nome. Um século mais tarde, o autor de *best-sellers* Garcilaso de la Vega, que era filho de mãe inca, promoveu o império desmoronado de seus antepassados como o Estado ideal.[29] Na América do Norte, a influência foi mais direta, uma questão de exemplo cotidiano. A recente cultura de fronteira era um híbrido, um lugar onde os índios cultivavam pomares e os brancos faziam escalpos. Os colonizadores lutavam, faziam comércio e se casavam com os povos nativos autônomos, que praticavam a igualdade social, o livre debate em assembléias e a lei do consenso. "Toda a sua constituição respira liberdade!", escreveu James Adair sobre os cherokees em 1775. Benjamin Franklin fez observações semelhantes sobre a Confederação dos Iroquois, cujo exemplo ele exortava as 13 colônias a seguir.[30] Os brancos ficaram particularmente impressionados pelo modo como os dissidentes simplesmente deixavam o resto da sua nação e formavam um grupo independente. Aqui — disponíveis aos olhos dos colonizadores ressentidos com uma coroa distante — estavam a liberdade, a democracia e o direito de secessão.

Não era, e ainda não é, bem sabido se essas democracias nativas eram em grande parte desenvolvimentos pós-colombianos, que floresceram nos espaços abertos deixados pelas grandes matanças do século XVI. A maior parte das "tribos" agricultoras do leste era remanescente de principados outrora poderosos. Se os ingleses tivessem chegado à América antes do colapso demográfico, teriam encontrado uma estrutura social mais familiar: chefes, que viviam em casas maravilhosas no alto de pirâmides de argila de cem pés de altura,[31] eram carregados por toda parte em liteiras e enterrados com escravos e concubinas.[32] O vírus da varíola, ao derrubar tais sociedades juntamente com os impérios inca e asteca, desempenhou portanto um papel precursor na Revolução Americana. A maioria dos levantes é incitada pela escassez; os rebeldes americanos foram inspirados pela abundância — pela terra indígena e pelos ideais indígenas. Em mais de um aspecto os conterrâneos de Franklin se tornaram, como ele os chamava, "selvagens brancos".

A Revolução Americana, por sua vez, influenciou a Revolução Francesa, que teve a sua própria selvageria branca, conhecida como o Terror. Desde então, governos dispostos a evitar a repetição desse quadro começaram a ampliar o direito de voto ao longo do século seguinte. Uma medida de participação se infiltrou, a contragosto, até as camadas mais baixas da pirâmide social, ao passo que a nova economia industrial alimentava uma crescente classe média.[33]

Nós, nos afortunados países do Ocidente, agora olhamos para a nossa bolha de liberdade e abundância de 200 anos de idade como algo normal e inevitável; ela chegou a ser chamada de o "fim" da história, em um sentido tanto temporal quanto teleológico.[34] Contudo, essa nova ordem é uma anomalia: o oposto do que normalmente acontece quando as civilizações crescem. A nossa era foi financiada pelo confisco de metade do planeta, prolongada pela conquista da maior parte da outra metade, e tem sido sustentada pelo consumo de novas formas de capital natural, especialmente os combustíveis fósseis. Com o Novo Mundo, o Ocidente atinge a maior abundância de todos os tempos. E não haverá outra como esta — a não ser que encontremos os marcianos civilizados de H. G. Wells, e que eles apresentem a vulnerabilidade aos nossos germes responsável pela sua destruição em *A guerra dos mundos*.[35]

A experiência da civilização há muito tempo arregimenta céticos, mesmo em momentos em que a mudança se dá tão lentamente a ponto de a maior parte das pessoas não a perceber. Os mitos de Ícaro, Prometeu e Pandora ilustram os riscos de se ser muito astuto, mas pela metade, um tema também conhecido do Gênesis.[36] Talvez a história antiga mais perspicaz desse gênero — em particular por vir de uma civilização que sofreu o colapso — seja a "Revolta das ferramentas", no épico da criação maia, o *Popol Vuh*,[37] na qual os seres humanos são derrotados por seus implementos agrícolas e domésticos.

> E todos [aqueles artefatos] começaram a falar... "Vós... haveis de sentir o nosso poder. Nós trituraremos e dilaceraremos a vossa carne em pedaços", disseram as suas pedras de mó... Ao mesmo tempo, os metais e as cerâmicas falaram: "Dor e sofrimento vós nos causastes... Vós nos queimastes como se não sentíssemos dor. Agora vós deveis senti-lo, nós vos queimaremos."[38]

Como ressaltou o escritor cubano Alejo Carpentier, essa é a primeira advertência explícita a nós sobre a ameaça da máquina.

Tais advertências se tornaram comuns no século XIX, quando, pela primeira vez na história, uma violenta mudança técnica e social foi sentida no período de uma única vida humana. Em 1800, as cidades eram pequenas, o ar e a água relativamente limpos — o que significa dizer que poderiam causar o cólera, mas não o câncer. Nada se locomovia mais rápido do que o vento ou os membros humanos. O som do maquinário era praticamente desconhecido. Uma pessoa de 1600 transportada para 1800 saberia se virar bem facilmente. Mas já por volta de 1900, havia automóveis nas ruas e trens elétricos entre eles, o cinema bruxuleava nas telas, a idade da Terra foi calculada em milhões de anos e Albert Einstein escrevia a sua Teoria da Relatividade Especial.

No começo do século, Mary Shelley ponderou sobre a nova ciência com o seu *Frankenstein*. Charles Dickens apresentou uma crítica ferina e visionária sobre os custos sociais da indústria em *Tempos difíceis*, perguntando-se se "o bom samaritano era um mau economista" e antevendo uma nova religião cujo ponto fundamental, como escreveu em 1854, seria de que "cada centímetro da existência humana, do seu nascimento à sua morte, é determinado por uma negociação ao redor de um balcão".[39]

Em seu romance de 1872, *Erewhon* (um anagrama de "*nowhere*", lugar nenhum), Samuel Butler criou uma civilização remota, que havia se industrializado muito antes da Europa, mas onde os efeitos do progresso desencadearam uma revolução conservadora. O grande perigo, escreveu um radical de Erewhon, não era tanto as máquinas existentes, mas a velocidade na qual evoluíam: se não forem detidas a tempo, elas são capazes de desenvolver linguagem própria, de se reproduzir e subjugar a humanidade. Butler ironizava aqui o darwinismo, no entanto, as angústias evocadas pelos monstros ofegantes da Era do Vapor eram suficientemente reais. Anos antes de se tornar primeiro-ministro, o jovem Benjamin Disraeli antecipou os medos de *Erewhon* em seu romance *Coningsby*: "O mistério dos mistérios", escreveu, "é ver as máquinas criando máquinas, um espetáculo que enche o espírito de especulações curiosas e até mesmo terríveis"[40].

Com o avanço da Era Vitoriana, muitos escritores começaram a se perguntar: "Para onde vamos?" Se tanta coisa acontecia tão rapidamente no *seu* século, o que aconteceria no seguinte? Butler, Wells, William Morris, Richard Jefferies e muitos outros misturaram fantasia, sátira e alegoria, criando um gênero conhecido como o romance científico.

Em *A máquina do tempo*, de 1895, Wells leva um viajante a um futuro distante, quando a raça humana se dividia em duas espécies, os Eloi e os Morlocks. Os Eloi são uma elite luxuriosa que vive insensatamente do trabalho industrial dos Morlocks, sem sequer imaginar que esses subumanos subterrâneos — aparentemente seus escravos — estão na verdade nutrindo-os para que lhes sirvam de alimento.

Em seu *Notícias de lugar nenhum*, William Morris imaginou uma Nova Era pós-industrial — uma utopia pré-rafaelita fundada no trabalho honesto, no bom planejamento e no amor livre — a partir da qual ele atacava a primeira grande onda de globalização, o mercado mundial regulado pela navegação a vapor, pelo telégrafo e pelo Império Britânico:

A felicidade do trabalhador em sua jornada, o seu conforto mais elementar e a saúde básica... não valem um grão de areia se comparados com a horrenda necessidade de "produção barata" de artefatos, que em sua maior parte sequer mereceriam ser produzidos... Toda a comunidade foi jogada na garganta do monstro devorador, o Mercado Mundial.

Mesmo que seja possível aprender com o passado, parece que não somos capazes de aprender muito. A última geração anterior à Primeira Guerra Mundial — o tempo do jovem Einstein, de Oscar Wilde e do romance de Joseph Conrad sobre o terrorismo, *O agente secreto* — era em muitos aspectos um momento semelhante ao nosso: um século velho que se exaure; um novo século no qual a moralidade e as certezas minguam, bombardeiros se escondem nas sombras e industriais proclamam, de suas mansões, que uma livre iniciativa irrestrita trará a Nova Jerusalém a todos.

Observadores mais atentos perceberam que a mudança estava fugindo ao controle e começaram a temer que, com os poderes da indústria, a humanidade tivesse encontrado os meios para o seu suicídio. Eles viram Estados nacionalistas engajados em uma queda-de-braço. Viram a exploração social e as vastas favelas urbanas, a contaminação do ar e da água e a "civilização" ser incutida em "selvagens" por meio de canos de metralhadora.[41]

O que aconteceria se essas armas não estivessem voltadas para os zulus ou para os sioux, mas para outros europeus? O que seria se a degradação das favelas causasse a degeneração da raça humana? No que, exatamente, consistia o *cerne* de toda essa produção econômica se, para tantas pessoas, isso significava desenraizamento, fome e miséria? Ao fim de sua viagem, o viajante do tempo de Wells vê a civilização como "um mero acúmulo imbecil que inevitavelmente... destruirá os seus criadores ao final".

Sem dúvida, muitos dirão que estamos aqui para provar que esses vitorianos deprimidos estavam errados. Mas será que estamos? Eles podem ter errado quanto aos detalhes que imaginaram para o nosso tempo, mas acertaram em cheio ao prever o problema. Logo à frente estavam a Primeira Grande Guerra e 12 milhões de mortos,[42] a Revolução Russa, a Grande Depressão — o que levou a Hitler, aos campos de concentração, à Segunda Guerra Mundial (com 50 milhões de mortos) e à bomba atômica. Esses, por sua vez, levaram à Guerra da Coréia, à Guerra Fria, à quase fatal Crise dos Mísseis Cubanos, ao Vietnã, ao Camboja, a Ruanda. Mesmo o vitoriano mais pessimista talvez se surpreendesse ao saber que o século XX massacraria mais de 100 milhões de pessoas em suas guerras — duas vezes toda a população do Império Romano.[43] O preço da história realmente aumenta.

Os romances científicos vitorianos tiveram dois descendentes modernos: a ficção científica tradicional e a profunda sátira social ambientada em pesadelos futuros. Essa última inclui muitas das mais importantes obras do último século: *Admirável mundo novo*, de Aldous Huxley, *1984*, de George Orwell, e *À espera dos bárbaros*, de J. M. Coetzee, além de uma série de desertos pós-nucleares, dos quais *Riddley Walker*, de Russell Hoban, deve ser considerada a obra-prima.

Com o (suposto) enfraquecimento da ameaça nuclear, os modernos romances apocalípticos retomaram preocupações surgidas antes de Hiroshima — em especial os riscos da nova tecnologia e as saídas para a sobrevivência de nossa espécie sem que ela abandone a sua humanidade em nome de uma organização como a das formigas. (talvez o aspecto mais perturbador de *Admirável mundo novo* tenha sido o modo drástico com que Huxley caracteriza a perversão da ordem, uma questão ainda mais difícil de ser respondida hoje do que em 1932). Os monstros barulhentos de *Erewhon* tomaram formas mais sutis que ameaçam toda a biosfera: alteração climática, lixo tóxico, novos agentes patológicos, nanotecnologia, cibernética, engenharia genética.

Um dos perigos de se escrever uma sátira distópica é a depressão que sucede a visão clara das coisas. Há dez anos comecei a trabalhar no meu romance *A Scientific Romance*, um título que escolhi por querer homenagear os vitorianos e porque o meu tema era o nosso *amour fou* pela ciência. Para realizar os propósitos satíricos, dediquei-me ao que pensei ser loucas extrapolações das coisas então noticiadas. Fiz com que um personagem morresse em decorrência do mal da vaca louca, pensando que, na versão final, eu provavelmente tivesse que matá-lo por algo menos rebuscado. Quando o livro foi publicado em 1997, dúzias de pessoas tinham de fato morrido pelo mal da vaca louca.[44] Outros elementos da sátira — uma mudança climática que transforma a gelada Londres em um pântano tropical, uma raça de sobreviventes geneticamente modificados e uma grama fabricada pela General Motors que não precisava ser aparada porque possuía propriedades auto-restritivas semelhantes às dos pêlos pubianos — não me pareciam mais, ao final, a divertida casa dos espelhos que eram quando comecei. Há uns poucos meses, algo ainda mais específico me espantou. Nas ruínas florestais de Londres, o meu protagonista encontra uma rua bloqueada e edifícios fortificados com lajes de concreto. Aqui, ele deduz, um governo britânico preparado para combate deve ter passado os seus últimos dias na década de 2030.[45] No começo deste ano, li no jornal que o governo de Tony Blair planeja cercar o Parlamento com arame farpado e uma parede de concreto de 15 pés[46] de altura.[47]

Não quero ser um profeta e com certeza não é essa a minha pretensão. Não precisamos de Nostradamus para prever que os muros aumentarão em tempos de crise — embora os muros mais fortes estejam na mente. Uma característica significativa do desastre real do mal da vaca louca foi o longo período no qual o governo britânico não fez nada além de esperar pelo melhor. Em sua recente distopia, *Oryx and Crake*, que enfoca a biotecnologia, Margaret Atwood também representa o colapso da civilização em um futuro próximo. Um de seus personagens pergunta: "Enquanto espécie, estamos condenados pela esperança?"[48] Pela esperança? Bem, sim. A esperança nos leva a inventar novas soluções para antigas dificuldades, que, por sua vez, criam dificuldades ainda mais perigosas. A esperança elege o político que apresenta a promessa mais vazia e, como bem sabe qualquer vendedor de ações ou loterias, muitos de nós optaríamos por uma esperança fugaz em detrimento de uma moderação prudente e previsível. A esperança, assim como a ganância, alimenta os mecanismos do capitalismo.

John Steinbeck disse certa vez que o socialismo nunca criou raízes nos Estados Unidos porque os pobres não se vêem como um proletariado explorado, mas como milionários com problemas temporários. Isso ajuda a explicar por que a cultura americana é tão hostil à idéia de limites, por que os eleitores, durante a última crise energética, rejeitaram Jimmy Carter com seu suéter e elegeram Ronald Reagan, que zombava do racionamento e lhes dizia que "a América ainda está em sua aurora".⁴⁹ Em nenhum outro lugar o mito do progresso teve fiéis tão fervorosos.

Marx estava realmente certo quando chamou o capitalismo, em tom quase admirado, de "uma máquina de demolir limites". Tanto o comunismo quanto o capitalismo são utopias materialistas, que oferecem versões opostas para um paraíso na Terra. Na prática, o comunismo não foi mais suave com o meio ambiente natural, mas, ao menos, propôs uma divisão dos bens. O capitalismo nos incita a prosseguir tal como o coelho mecânico à frente dos cães de corrida, insistindo em que a economia é infinita e que a divisão é, portanto, irrelevante. Apenas alguns cães conseguem pegar o coelho de vez em quando, o que já é suficiente para manter os outros correndo até caírem. No passado apenas os pobres perdiam nesse jogo, hoje o perdedor é o planeta.⁵⁰

Aqueles que viajaram na juventude e que retornam, vinte ou trinta anos depois, a um lugar que costumavam freqüentar não conseguem deixar de observar o massacre contínuo e massivo do progresso, seja na perda das áreas rurais para a periferia, das florestas para as fazendas de gado, dos rios para as represas, dos mangues para os lagos de cultivo de camarão, das montanhas para pedreiras, dos recifes de corais para os condomínios.

Ainda temos culturas e sistemas políticos diferentes, mas, no âmbito econômico, há agora apenas uma única grande civilização, alimentada pelo capital natural de todo o planeta. Navegamos por todos os lugares, pescamos por todos os lugares, irrigamos em todos os lugares, construímos em todos os lugares e nenhuma esquina da biosfera escapa à nossa hemorragia de lixo.[51] O aumento em mais de vinte vezes do comércio mundial desde a década de 1970 significou que quase nenhum lugar é mais auto-suficiente. Todos os Eldorados foram saqueados, todas as Shangri-Las ganharam um *resort*. Joseph Tainter nota essa interdependência, alertando-nos de que "o colapso, se e quando ele voltar a acontecer, será dessa vez global... A civilização mundial se desintegrará como um todo".[52]

Especialistas de vários setores começaram a ver o mesmo fechamento das portas da oportunidade, começaram a alertar que esses anos podem ser os últimos em que a civilização ainda tenha riqueza e coesão política para se conduzir em direção à cautela, à conservação e à justiça social. Há vinte anos, pouco antes da Eco-92, no Rio de Janeiro, que levou ao Protocolo de Kioto sobre a mudança climática, mais da metade dos ganhadores mundiais do prêmio Nobel avisava que teríamos apenas cerca de uma década para tornar o nosso sistema sustentável. Agora, em um relatório infelizmente silenciado pela administração Bush, o Pentágono prevê fome, anarquia e guerra mundiais, "no intervalo de uma geração", se as mudanças climáticas seguirem as projeções mais rigorosas.[53] Em seu livro de 2003, *Hora final*, Martin Rees, professor da Universidade de Cambridge, astrônomo real e antigo presidente da Associação Britânica para o Avanço da Ciência, conclui: "As chances não passam de 50% de que a nossa presente civilização... sobreviva ao fim do presente século... a menos que todas as nações adotem políticas sustentáveis e de baixo risco baseadas na atual tecnologia."[54]

Os céticos apontam as previsões recentes de desastres que não aconteceram. Eis aí um paraíso dos tolos. Algumas de nossas saídas deveram-se muito mais à sorte do que à decisão, e não são definitivas.[55] Outros problemas podem ter sido deixados de lado, mas tampouco foram solucionados. A crise alimentar, por exemplo, foi meramente adiada pela introdução de sementes híbridas e cultivo químico, algo que apresenta um alto custo para a saúde do solo e para a diversidade vegetal.[56]

Depois dos ataques de 11 de setembro de 2001, a mídia e os políticos mundiais passaram a se dedicar, compreensivelmente, ao terrorismo. Duas coisas devem ser ditas aqui.

Em primeiro lugar, o terrorismo é uma ameaça pequena comparada à fome, às doenças e à mudança climática.[57] Três mil pessoas morreram naquele dia nos Estados Unidos; 25 mil morrem a *cada* dia no mundo somente em decorrência da água contaminada. A cada ano, 20 milhões de crianças são mentalmente prejudicadas pela desnutrição.[58] A cada ano, uma área agrícola maior do que a Escócia é perdida para a erosão e para o avanço urbano, a maior parte dela na Ásia.

Em segundo lugar, o terrorismo não pode ser detido por um combate meramente aos seus sintomas e não às suas causas. A violência é alimentada pela injustiça, pela pobreza, pela desigualdade e por outras violências. Essa lição foi aprendida à custa de muito sofrimento na primeira metade do século XX e ao preço de cerca de 80 milhões de vidas.[59] Obviamente, a barriga cheia e uma atenção justa não deterão um fanático, mas podem reduzir enormemente o número daqueles que se *tornam* fanáticos.

Depois de Segunda Guerra Mundial, surgiu um consenso em se lidar com as raízes da violência pela criação de instituições internacionais e formas de capitalismo democraticamente administradas baseadas na economia keynesiana e no New Deal americano. Essa política, embora longe de ser perfeita, obteve êxito na Europa, no Japão e em algumas partes do Terceiro Mundo[60] (o leitor se lembra de quando falamos não de uma "guerra contra o terror", mas de uma "guerra contra a carência"?).

Minar esse consenso pós-guerra e voltar a modelos políticos arcaicos é retroceder ao passado sangrento. Não obstante é isso o que a Nova Direita tem conquistado desde o final da década de1970, conferindo a antigas idéias a aparência de novas e usando-as para transferir os motores do poder dos governos eleitos para as corporações não eleitas — um projeto vendido como "redução de impostos" e "desregulamentação" pelos defensores da direita na mídia, algo sobre o que o Canadá também tem as suas responsabilidades. O conceito da economia *laissez-faire* — de que se os cavalos comerem aveia o bastante, acabará sobrando alguma coisa para os papagaios[61] — foi muitas vezes testado e muitas vezes fracassado, levando à ruína e ao colapso social.[62]

A revolta contra a redistribuição está matando a civilização, do gueto à floresta tropical.[63] Os impostos na maioria dos países de fato não diminuíram; foram apenas transferidos para a parte mais baixa da pirâmide social e desviados de programas sociais e de assistência para programas militares e corporativos. O grande juiz americano Oliver Wendell Holmes disse uma vez: "Não me incomodo de pagar impostos, com eles eu compro a civilização." A confiança pública em uma rede básica de seguridade social é essencial para a diminuição das taxas de natalidade nas nações pobres e para uma sociedade decente em todas as nações. A remoção dessa confiança deu início a uma competição generalizada que está devastando a Terra.

Durante o século XX, como notei anteriormente neste livro, a população mundial se multiplicou por quatro e a economia por mais de quarenta. Se a promessa da modernidade estivesse ao menos sobrevivendo — em outras palavras, se a diferença entre os ricos e os pobres tivesse permanecido proporcionalmente a mesma desde a morte da rainha Vitória —, todos os seres humanos estariam dez vezes melhor. Não obstante, o número da pobreza abjeta é hoje tão grande quanto o de toda a humanidade em 1901.[64]

Ao final do século XX, os três indivíduos mais ricos do mundo (todos eles norte-americanos) tinham juntos uma riqueza maior do que a dos 48 países mais pobres.[65] Em 1998, as Nações Unidas calcularam que 40 bilhões de dólares, gastos cautelosamente, bastariam para fornecer água limpa, saneamento e outras necessidades básicas para os mais pobres do mundo.[66] Os números podem ser otimistas e podem ter aumentado nos últimos seis anos, mesmo assim ainda são consideravelmente menores do que os fundos já destinados à fantasia, obscenamente dispendiosa, de um escudo protetor contra mísseis que, além de não funcionar, não era necessário e, ainda assim, provocou uma nova corrida armamentista e uma militarização do espaço.

Consideremos os três aspectos do colapso de Tainter: o Trem Descarrilado, o Dinossauro e o Castelo de Cartas. O aumento da população e da poluição, a aceleração da tecnologia, a concentração de riqueza e poder — todos esses são fatores próprios a um trem descarrilado, e a maior parte deles está interligada. A velocidade do crescimento da população está diminuindo, mas em 2050 haverá ainda 3 bilhões ou mais de pessoas na Terra. Poderemos talvez ser capazes de alimentar todas elas a curto prazo, mas teremos que produzir menos carne (que consome dez quilos de comida para produzir um quilo de comida) e distribuir os alimentos. O que não podemos fazer é continuar consumindo como estamos, ou poluindo como estamos. Poderíamos ajudar países como a Índia e a China a se industrializarem sem repetir os nossos erros. Mas, em vez disso, excluímos os padrões ambientais dos acordos comerciais. Como os turistas sexuais e suas luxúrias ilegais, nós jogamos mais sujo com os pobres.

Se a civilização quiser sobreviver, deve viver dos lucros, e não do capital, da natureza. Índices ecológicos sugerem que, no começo da década de 1960, os seres humanos usavam certa de 70% da produção natural anual; no começo da década de 1980, teríamos chegado a 100% e, em 1999, teríamos alcançado a marca de 125%.[67] Esses números podem ser imprecisos, mas a tendência é clara — apontam para o caminho da falência.

Nada disso deve nos surpreender depois de termos lido os registros de vôo na destruição de civilizações arruinadas; o nosso atual comportamento é típico de sociedades no ápice de sua ambição e arrogância. Esse é o fator dinossauro: a hostilidade à mudança, devida a interesses velados, e a inércia em todos os níveis sociais.[68] George Soros, o especulador financeiro aposentado, chama os dinossauros econômicos de "fundamentalistas do mercado". Sinto certo desconforto com o termo porque muito poucos deles *são* devotos verdadeiros dos mercados livres — preferindo os monopólios, os cartéis e os contratos governamentais.[69] Mas o argumento é relevante. A idéia de que o mundo deve ser controlado pelo mercado de ações é tão louca quanto outras ilusões fundamentalistas, islâmicas, cristãs ou marxistas.

No caso da Ilha de Páscoa, o culto às estátuas tornou-se uma loucura autodestrutiva, uma ideologia patológica. Nos Estados Unidos, o extremismo do mercado (que se pode compreender como puramente materialista e, portanto, aberto ao interesse pessoal racional) foi mesclado com o messianismo evangélico para lutar contra a política inteligente a partir de bases metafísicas. O cristianismo em geral é uma fé altruísta, mas essa sua derivação é ativamente hostil ao bem público: um tipo de darwinismo social defendido por pessoas que odeiam Darwin. O secretário do interior do presidente Reagan disse ao Congresso para não se preocupar com o meio ambiente porque, nas suas palavras, "não se sabe com quantas outras gerações futuras nós podemos contar antes da volta do Senhor".[70] George W. Bush se acercou de mentalidades semelhantes e se eximiu do Protocolo de Kioto sobre as alterações climáticas.[71]

Adolf Hitler certa vez exclamou com júbilo: "Que sorte para os governantes que o povo não pense!" O que podemos fazer quando os governantes não *querem* pensar?

As civilizações na maioria das vezes caem repentinamente — o efeito do castelo de cartas — porque, quando alcançam a demanda total da sua ecologia, elas se tornam altamente vulneráveis às flutuações naturais. O perigo mais imediato trazido pela alteração climática é a instabilidade do tempo, causando uma série de fracassos nas lavouras dos celeiros do mundo. Secas, enchentes, incêndios e furacões estão aumentando em freqüência e gravidade. As ondas de poluição causadas por eles — e pelas guerras — contribuem para o ciclo de destruição. Os especialistas em medicina se preocupam com a hipótese de a natureza nos destruir pelas doenças: bilhões de primatas amontoados, muitos deles doentes, desnutridos e conectados pelo ar, são um almoço grátis para um micróbio esperto. "A Mãe Natureza sempre vem em socorro de uma sociedade acometida de... 'superpopulação'", observou sardonicamente Alfred Crosby, "e os seus remédios nunca são gentis."[72]

A necessidade de mudança sobre a qual tentei argumentar não é baseada no altruísmo, nem no salvamento da natureza por si mesma. No entanto, acredito que esses são imperativos morais e que, como tais, vão de encontro aos resquícios do desejo humano. A razão mais iminente para a mudança de nosso sistema é que o sistema não é de interesse de ninguém. Ele é uma máquina suicida. Todos temos uma certa inércia de dinossauro dentro de nós, mas, sinceramente, eu não sei o que os "dinossauros" ativistas — os duros homens e mulheres das corporações de petróleo e da ultradireita — pensam estar fazendo. Eles têm filhos e netos que precisarão de comida saudável, ar e água limpos e que podem querer ver florestas e oceanos vivos. A riqueza não pode comprar um refúgio da poluição; os pesticidas lançados na China se concentram nas geleiras da Antártica e nas bacias das montanhas rochosas. E a riqueza não é uma proteção contra o caos, o que foi bem demonstrado pela surpresa de cada rosto insolente que rolou da guilhotina.

Há um ditado na Argentina que diz que toda noite Deus limpa a bagunça feita pelos argentinos durante o dia. Esse parece ser o argumento com o qual os nossos líderes contam. Mas não vai funcionar. As coisas estão mudando tão rapidamente que a própria inação é um dos maiores erros. A experiência de 10 mil anos de vida consolidada permanecerá, ou será destruída, dependendo do que nós faremos ou não faremos agora. A mudança necessária não é anticapitalista, antiamericana ou sequer profundamente ambientalista; ela é simplesmente a transição do pensamento de curto prazo para o de longo prazo. Da imprudência e do excesso para o princípio de moderação e precaução.

A grande vantagem que temos, as nossas melhores chances de evitar o destino das sociedades passadas, é o que sabemos sobre essas sociedades passadas. Podemos ver como e por que elas erraram. O *Homo sapiens* tem a informação necessária para se conhecer a partir do que ele é: um caçador da Era Glacial, com um desenvolvimento parcial em direção à inteligência; esperto, mas raramente sábio.

Estamos hoje no mesmo estágio em que os ilhéus de Páscoa ainda poderiam ter detido o desmatamento e o entalhamento, poderiam ter reunido as últimas sementes de árvores para plantá-las longe do alcance dos ratos. Temos as ferramentas e os meios para distribuir os recursos, limpar a poluição, oferecer cuidados médicos básicos e controle de natalidade e estabelecer os limites econômicos de acordo com os naturais. Se não fizermos essas coisas agora, enquanto prosperamos, nunca seremos capazes de fazê-las quando os tempos se tornarem mais difíceis. Nosso destino sairá de nossas mãos. E esse novo século não chegará a envelhecer sem que entremos em uma era de caos e colapso que minimizará todos os períodos negros do nosso passado.

Agora é a nossa última chance de acertar o futuro.

NOTAS

I. As perguntas de Gauguin

1. Sem dinheiro para comprar telas, Gauguin pintou a sua obra-prima em um saco de juta.
2. Citado em DAWS, Gavan. *A Dream of Islands*. Honolulu: Mutual Publishing, 1980.
3. POLLARD, Sidney. *The Idea of Progress: History and Society*. Londres: C. A. Watts, 1968. p. 9 e ss.
4. Ibid.
5. Não apenas as religiosas. A arqueologia vitoriana definiu o avanço técnico em termos de metais, mas o mundo clássico chegou à conclusão oposta, vendo neles apenas um declive em direção à vulgaridade e à corrupção — de uma era de ouro para uma de bronze e, finalmente, para uma de ferro.
6. WRIGHT, Ronald. *Stolen Continents: Conquest and Resistance in the Americas*. Boston: Houghton Mifflin, 1992. p. 5.
7. Os soldados americanos da Guerra Fria, no século passado, costumavam ameaçar "bombardear os soviéticos até que eles voltassem à Idade da Pedra". Não sei se os russos proclamavam a mesma ameaça, mas ela era com certeza uma hipótese plausível. Mesmo se uma "troca" (como diziam em tom eufemístico) nuclear não conseguisse extinguir todas as formas superiores de vida, ela poria fim à civilização em toda a superfície terres-

tre. Nenhuma lavoura própria ao consumo cresceria em um inverno nuclear.

8. Confira FUKUYAMA, Francis. *The End of History and the Last Man*. Nova York: Free Press, 1992.
9. POPE, Alexander. *An Essay on Criticism*, 1711; HUXLEY, Thomas Henry. *On Elementary Instruction in Physiology*, 1877.
10. Citado em WENKE, Robert J. *Patterns in Prehistory*. Oxford: Oxford University Press, 1980. p. 79.
11. SHAKESPEARE, William. *Hamlet*, ato 2, cena 2.
12. Ibid., *Como gostais*, ato 4, cena 2.
13. Citado em DANIEL, Glyn. *The Idea of Prehistory*. Harmondsworth, UK: Pelican, 1962. p. 19.
14. Newton, ao basear seus cálculos na velocidade em que uma certa massa de ferro se resfria, já suspeitava de que a Terra tinha pelo menos 50 mil anos de idade e, no século XIX, os pensadores franceses Benoit de Maillet e George-Louis Leclerc de Buffon optaram por estimativas muito mais audaciosas, embora os seus cálculos não tenham sido bem recebidos. Confira GORST, Martin. *Measuring Eternity: The Search for the Beginning of Time*. Nova York: Broadway Books, 2001. p. 93-121.
15. O físico Lorde Kelvin lutou em vão na defesa de que o sol não poderia ser tão velho a ponto de se encaixar na linha do tempo de Darwin, o que foi amplamente criticado e, por fim, rejeitado.
16. As suas palavras não foram transcritas naquele momento. Os relatos sobre o que foi dito diferem em alguns aspectos, mas todos concordam quanto ao cerne da questão.
17. GORST, Martin. *Measuring Eternity*, p. 204.
18. WELLS, H. G., HUXLEY, Julian S. & WELLS, G. P. *The Science of Life*. Nova York: Doubleday, 1929. v. 2, p. 422-423. O seu coautor Julian Huxley era neto do defensor de Darwin, Thomas Huxley.
19. FRYE, Northrop. "Humanities in a New World". In: FREY, Northrop, KLUCKHOHN, Clyde & WIGGLESWORTH, V. B.

Three Lectures. Toronto: University of Toronto Press, 1958. p. 23. Alguns especialistas vêem a linguagem como um fenômeno bem recente, mas penso ser muito mais provável que ela tenha tido um desenvolvimento lento e duradouro, ganhando complexidade juntamente com o cérebro. Muitas das diferenças entre os cérebros do chimpanzé e do homem estão em regiões que governam aspectos da linguagem. Confira adiante a nota 11 do capítulo 2.

20. Rosny nasceu em Bruxelas em 1856, trabalhou como jornalista na Inglaterra e, em 1886, mudou-se para Paris, onde se tornou presidente da Academia Goncourt.
21. Uma cabana de praia de 400 mil anos de idade em Terra Amata, no sudeste da França, parece ter possuído uma lareira, ao passo que há "indícios do uso de fogo" na África um milhão de anos antes dela. TATTERSALL, Ian. *The Last Neanderthal: The Rise, Success, and Mysterious Extinction of Our Closes Human Relatives*. Nova York: Westview Press, 1999. p. 72.
22. Confira, por exemplo, o ensaio de 1954 de Loren Eiseley chamado "Man the Firemaker" em EISELEY, Loren. *The Star Thrower*. Nova York: Harcourt Brace Jovanovich, 1978. p. 45-52.
23. Ibid., p. 49.
24. Informações genéticas sugerem que, em um certo ponto, "nossa espécie tornou-se tão ameaçada de extinção quanto estão hoje os gorilas das montanhas... reduzida apenas a cerca de 10 mil adultos". (STRINGER, Christopher & MCKIE, Robin. *African Exodus: The Origins of Modern Humanity*. Nova York: Henry Holt/John Macrae, 1997. p. 11) No início do Paleolítico superior, há cerca de 35 mil anos, Stringer estima que o *Homo sapiens* apresentava "uma população de, no mínimo, 300 mil indivíduos". (Ibid., p. 163.)
25. Sobre a hipótese da monogênese africana, confira STRINGER, Christopher & MCKIE, Robin. *African Exodus*. Para visões opostas, confira as obras recentes de M. Wolpoff, G. A. Clark, J.

Relethford e F. H. Smith. Para uma visão de conjunto equilibrada, confira LEAKEY, Richard & LEWIN, Roger. *Origins Reconsidered: In Search of What Makes Us Human*. Nova York: Doubleday, 1992.

26. Espécies animais tão diferentes entre si quanto cavalos, zebras e burros podem procriar, assim como leões e tigres, muito embora as crias raramente sejam férteis. O salto evolutivo em tais casos é provavelmente maior do que aquele entre as muitas assim chamadas espécies de seres humanos recentes.

27. De WELLS, H. G., *The Outline of History*, usado por William Golding como epígrafe para *The Inheritors*, 1955.

28. A hipótese defendida por Arens (ARENS, W. *The Man-Eating Myth: Anthropology and Anthropophagy*. Nova York: Oxford University Press, 1979) de que não há casos bem documentados de canibalismo (à exceção do canibalismo para sobrevivência) não se sustenta. Enquanto muitas das acusações da prática foram, tal como ele argumenta, propaganda infundada de grupos étnicos rivais, há ainda abundantes evidências claras — ossos talhados, utensílios especiais, relevantes informações etnográficas e históricas — de canibalismo tanto ritual quanto gastronômico, especialmente no Pacífico. Há ainda numerosos casos documentados de canibalismo atroz nas guerras européias do período da Reforma e nas guerras africanas de 1960 até hoje.

29. TATTERSALL, *Last Neanderthal*, p. 77. Um livro útil, embora Tattersall sustente a visão de que os neandertais foram uma espécie à parte, sem nenhum descendente moderno.

30. TRINKHAUS, Erik & SHIPMAN, Pat. *The Neanderthals: Changing the Image of Mankind*. Nova York: Knopf, 1993, p. 6. Esses autores oferecem uma boa síntese das evidências contraditórias. Para uma discussão mais recente sobre as origens humanas e o problema dos neandertais, confira *General Anthropology*, 7,

nº 2, primavera de 2001, uma revista publicada pela Associação Antropológica Americana.
31. Aqueles que sustentam essa visão usam a classificação *Homo sapiens neanderthalensis* para os neandertais e *Homo sapiens sapiens* para os cro-magnons e outros humanos modernos.
32. Ornella Semino e outros geneticistas concluíram que mais de 80% do conjunto genético europeu moderno tem ancestralidade no Paleolítico Superior, ao passo que 20% vêm de agricultores do Neolítico que chegaram do Oriente Médio muito mais tarde. Confira, *Science*, 10 de novembro de 2000.
33. Um indicador disso é que os crânios dos primeiros neandertais são, em geral, menos robustos do que os dos posteriores. Confira TATTERSALL, *Last Neanderthal*, p. 147.
34. STRINGER, Christopher. "The Evolution of Modern Humans: Where Are We Now?" *General Anthropology*, 7, nº 2, primavera de 2001.
35. Essa fase cultural, chamada de chatelperroniense, é bastante evidente, há cerca de 36 mil anos, em Saint-Cesáire, no oeste da França (TATTERSALL, *Last Neanderthal*, p. 145). Confira também HAROLD, Francis B. "The Case Study of the Chatelperronian". *General Anthropology*, 7, nº 2, primavera de 2001. A partir de análises de solos vivos e da estrutura do sítio, Donald Henry e seus co-autores concluem que "elos putativos entre a biologia e o comportamento [dos neandertais] podem ser dispensados" (HENRY, Donald et al. "Human Behavioral Organization in the Middle Paleolethic: Were Neanderthals Different?" *American Anthropologist*, 106, nº 1, março de 2004. p. 29); eles não vêem nenhuma razão para se pensar que os grupos neandertal e cro-magnon diferissem em habilidade cognitiva.
36. Citado em LEAKEY, Richard & LEWIN, Roger. *Origins Reconsidered*, p. 28 e ss. (legenda da ilustração nº 4).

37. Os estudos foram baseados nas seqüências parciais de materiais precariamente preservados. Confira RELETHFORD, John H. "New Views on Neanderthal DNA". *General Anthropology*, 7, nº 2, primavera de 2001.
38. O sítio português é Lagar Velho e as ossadas têm cerca de 24 mil anos de idade.
39. Trinkaus e Shipman (TRINKAUS & SHIPMAN, *Neanderthals*, p. 415) escrevem que na Europa central "há evidências abundantes da evolução contínua, da mistura genética e da miscigenação entre neandertais resistentes e os primeiros humanos modernos que lentamente se infiltravam a partir do Levante". Confira o relato curiosamente comovente feito por Loren Eiseley (EISELEY, *Star Thrower*, p. 139-152) devido à sua eloqüente convicção de que os neandertais ainda estão entre nós. Tattersall, que sustenta a visão de que os neandertais foram uma espécie inteiramente à parte, escreve que o coque do neandertal (o torus occipital) e a sua respectiva reentrância (a depressão suprainíaca) são características "singulares dos neandertais" (TATTERSALL, *Last Neanderthal*, p. 118). Seja como for, eu tenho um.
40. De um modo semelhante, muitos descendentes de índios americanos, de aborígines australianos, de africanos e de outros povos deslocados de sua terra estão submersos em populações "brancas", em grande parte sem consciência da sua ancestralidade miscigenada.

II. A grande experiência

1. É crescente a evidência de que os povos chegaram à América (o último continente a ser povoado) antes do que a estimativa hoje estabelecida em 15 mil anos atrás. É provável que a construção de embarcações estivesse envolvida nesse processo — para a travessia das ilhas e o percurso das linhas costeiras em direção ao

NOTAS

sul —, juntamente com as rotas terrestres que cruzaram o estreito de Bering durante as glaciações. A grande Austrália (incluindo a Nova Guiné) era uma ilha durante toda a Era Glacial, não obstante, os povos chegaram lá por travessia marítima, de ilha a ilha, há algo entre 40 mil e 60 mil anos.

2. Esse acontecimento, ocorrido há 65 milhões de anos, foi provavelmente o quinto do seu gênero. Desde que a vida complexa surgiu, a Terra parece ter mantido a média de uma explosão cósmica a cada cem milhões de anos. Muitos cientistas consideram o impacto humano na biosfera como o início de uma "sexta extinção". Confira, por exemplo, REES, *Our Final Century*, p. 100 e ss.

3. O duplo *sapiens* é usado por aqueles que acreditam que os neandertais e os cro-magnons foram variantes dentro de uma mesma espécie — confira capítulo 1. Se de 30 a 35 bilhões é o total de seres humanos e hominídeos que já viveram, ao menos de 20 a 25 bilhões desses viveram em sociedades civilizadas durante os três últimos milênios. Em outras palavras, dois terços de nós (ou mais) vivemos durante o último milésimo da carreira humana e cerca de um quinto ou um sexto de toda ela está vivo agora.

4. Umas poucas exceções à definição de agricultura podem ser comprovadas a partir de regiões em que os recursos selvagens para alimentação eram extraordinariamente plenos e previsíveis. O melhor exemplo histórico de uma civilização nascente sem agricultura é a costa noroeste da América do Norte, mas tais casos foram mais numerosos no passado distante. Especialistas costumavam insistir em critérios específicos, tais como a escrita, ao definir o estado de civilização. As definições modernas são mais flexíveis e consideram a escala geral e a complexidade de uma cultura. Confira TRIGGER, Bruce. *Early Civilizations*: *Ancient Egypt in Context*. Cairo: American University in Cairo Press, 1993. p. 7.

5. George Gilmer, governador da Georgia, disse na década de 1830: "Tratados eram expedientes por meio dos quais... povos selvagens eram induzidos... a produzir o que as pessoas civilizadas tinham o direito de possuir." A "remoção" ou a limpeza étnica dos cherokees nesse período incluiu o uso de fronteiras demarcadas à força e campos de concentração para civis, onde milhares morreram; confira WRIGHT, *Stolen Continents*, capítulo 14 (o termo "campo de concentração" foi cunhado pelos britânicos durante a Guerra dos Bôeres). Para a tese de que o holocausto nazista e outras atrocidades modernas derivam da política colonial racista, especialmente na África, confira LINDQVIST, Sven. *Exterminate All the Brutes*. Tradução de Joan Tate. Londres: Granta Books, 1996.
6. O Coliseu e outros circos romanos viram sacrifícios sangrentos em grande escala; durante os quatro meses dos jogos de Trajano, 5 mil homens e 11 mil animais foram massacrados.
7. Algumas estimativas vão ainda mais longe, especialmente se são incluídas a fome e as doenças motivadas pela guerra.
8. Gandhi provavelmente não foi o "faquir seminu" do insulto de Churchill, tendo sido um estudante de direito em Londres durante a década de 1890.
9. Frase de Henry Thoreau.
10. No auge da Era do Vapor, em 1825, a população mundial chegava a cerca de um bilhão de habitantes; se a civilização industrial entrasse em colapso, a população sustentável teria que regredir a um nível similar. Falando sem rodeios, bilhões morreriam.
11. Eric Harth, citado em STRINGER & MCKIE, *African Exodus*, p. 243. Alfred Crosby (CROSBY, Alfred. *The Columbian Exchange*: *Biological and Cultural Consequences of 1492*. Westport, CN: Greenwood Press, 1972. p. 14.), escreve: "Há cerca de 100 mil anos, o cérebro humano era do mesmo tamanho que tem hoje, o que é provavelmente o tamanho máximo a que chegará."

12. GOLDING, William. *Pincher Martin*. Londres: Faber and Faber, 1956. p. 190. Esse romance, publicado pouco depois de *Os herdeiros*, pondera sobre a natureza do homem em um cenário moderno: a mente de um marinheiro torpedeado no Atlântico Norte.
13. É possível que o arco e a flecha tenham aparecido somente muito tempo depois, mas o arremessador de lanças ou disparador (conhecido pelos arqueólogos pelo seu nome asteca, *atlatl*) foi, muito provavelmente, uma invenção do Paleolítico Superior. Ele aumenta a extensão e a alavanca do arremesso humano, funcionando tal como um taco de lacrosse.
14. As pinturas da gruta Chauvet, perto de Avignon, uma das mais antigas encontradas na Europa, mostram sofisticação e maturidade há 32 mil anos. Embora sejam, em geral, consideradas obras dos primeiros cro-magnons, cogita-se também que tenham sido feitas pelos neandertais, entretanto, as datas que confirmariam essa hipótese foram questionadas e aguardam por novas datações de carbono (confira *Antiquity*, março de 2003). O ápice da arte rupestre européia veio muito depois — entre 17 mil e 15 mil anos atrás, em Lascaux e Altamira. Provavelmente, não sendo vistas como "arte" por seus criadores, essas figuras deveriam ter sido xamânicas, pretendendo reverenciar os poderes da natureza e aumentar a caça.
15. Daqui em diante, usarei a versão mais curta de nosso nome para maior fluência.
16. Um bisão menor sobreviveu na América do Norte, assim como, obviamente, aconteceu com os cervos e os camelídeos (a família das lhamas) na América do Sul.
17. Crosby (CROSBY, *Ecological Imperialism*, p. 272) escreve: "Os seres humanos, mesmo se munidos apenas com tochas e armas de pedra... são os mais perigosos e implacáveis predadores do mundo."

18. Os mamutes morreram em Piedmost, na República Tcheca, os cavalos em Solutré, na França, o que originou o nome das extraordinárias pontas de lança solutreanas. Confira HOWELLS, William. *Mankind in the Making: The Story of Human Evolution*. Londres: Secker and Warburg, 1960. p. 206 e GOUDIE, Andrew. *The Human Impact on the Natural Environment*. Oxford: Blackwell, 2000, p. 145. Stringer e McKie apresentam um excelente relato sobre a migração humana e suas conseqüências naquele período (STRINGER & MCKIE, *African Exodus*, p. 163-178), mencionando que as costelas de um mamute sem sorte foram encontradas no Arizona enfeitadas com oito pontas de lança Clóvis. Confira também MARTIN, Paul S. "Prehistoric Overkill: The Global Model." In: MARTIN, Paul S. & KLEIN, Richard G. *Quaternary Extinctions: A Prehistoric Revolution*. Tucson: University of Arizona Press, 1984.
19. HOWELLS, *Mankind in the Making*, p. 206.
20. TATTERSALL, *The Last Neanderthal*, p. 203.
21. MELVILLE, Herman, *Moby Dick*, capítulo 105. O número exato de bisões mortos é desconhecido. As estimativas variam entre 30 e 60 milhões. Na década de 1870, mais de um milhão eram mortos por ano por caçadores brancos; ao final do século, apenas umas poucas centenas de animais restaram.
22. Confira, por exemplo, BRODY, Hugh. *The Other Side of Eden: Hunters, Farmers and the Shaping of the World*. Vancouver: Douglas and McIntyre, 2000.
23. Confira CROSBY, *Economic Imperialism* e STEADMAN, David. "Prehistoric Extinctions of Pacific Island Birds." *Science*, nº 267, fevereiro de 1995, p. 1.123-1.131.
24. FLANNERY, Tim. *The Future Eaters: An Ecological History of the Australasian Lands and People*. Nova York: Brasiller, 1995.
25. Experiências modernas de colheita de trigo emmer selvagem no Oriente Médio chegaram a produzir 4 mil libras por alqueire (4.500 quilogramas por hectare). No México foi demonstrado

que metade de um dia gasto em ceifar o *teocintle* (milho divino), um parente selvagem do milho, é o suficiente para alimentar uma pessoa por dez dias (confira PONTING, *Green History*, p. 39). Se o *teocintle* (também chamado de *teosinte*) é o ancestral do milho ou apenas um parente mais afastado, não é claro. Alguns especialistas acreditam que o milho domesticado, que não pode ser semeado sem intervenção humana, cruzou com seus parentes selvagens e, então, matou o seu grupo genético ancestral — uma advertência sobre o que pode acontecer com outros itens de primeira necessidade se as lavouras geneticamente modificadas de hoje fugirem ao controle.

26. Confira DILLEHAY, Tom D. (ed.). *Monte Verde: A Late Pleistocene Settlement in Chile*. Washington, DC: Smithsonian Books, 1989. Para outros relatos, confira MOSELEY, Michael E. *The Incas and Their Ancestors: The Archaeology of Peru*. Londres: Thames and Hudson, 1992. p. 83-85 e SCARRE, Chris. *Past Worlds: The Times Atlas of Archaeology*. Londres: Time Books, 1988. p. 70. Os restos incluem ervas medicinais, que parecem ter sido usadas ritualmente em uma construção especial.

27. A exceção australiana é provavelmente um resultado do clima seco e inconstante e talvez de uma falta de plantas nativas com potencial de cultivo. A Austrália foi povoada muito antes das Américas, e a crise alimentar — a extinção de caça de grande porte — pode ter acontecido em um momento em que a instabilidade climática mundial tornou impossíveis as experiências agrícolas.

28. Por exemplo, DIAMOND, Jared. *Guns, Germs, and Steel: The Fates of Human Societies*. Nova York: W. W. Norton, 1997, que é informativo quanto aos germes, mas não deve ser tomado como fonte para informações ou interpretações arqueológicas ou históricas. Em particular, a datação e a descrição da agricultura no Novo Mundo é falha e o seu retrato da derrota de

Atahualpa e de outras conquistas espanholas omite informações importantes e me soa tendencioso.

29. A quinoa é um grão não-cereal da família *Chenopodium*, ou pé-de-ganso. Novas descobertas no México descrevem milho domesticado há 6.250 anos (confira *Science*, 14 de novembro de 2003). O milho de alta produtividade em sabugos grandes foi desenvolvido cerca de 2 mil anos depois, quando a sua importância na dieta alimentar cresceu rapidamente e se espalhou da América Central para a América do Sul. A mandioca, uma planta da América do Sul, fez o caminho inverso. Confira SHARER, Robert J. *The Ancient Maya*. Stanford, CA: Stanford University Press, 1994. p. 54.

30. As primeiras domesticações nos Andes e na América Central são comparáveis em idade àquelas do Oriente Médio. Plantas colhidas e cultivadas datadas de 10 mil anos atrás, incluindo muitas espécies usadas como fibra e tecido, foram encontradas na caverna de Guitarrero, no Peru. Os feijões comuns, os feijões-de-lima e as pimentas ali detectados foram certamente domesticados. Antigas batatas e *ollucos* domesticados, também de 10 mil anos atrás, foram encontrados em Tres Ventanas, no alto da bacia hidrográfica de Chilca, juntamente com cabaças, desse mesmo período, vindas de Ayacucho. Confira MOSELEY, *Incas and Their Ancestors*, p. 96-97.

31. As sementes antigas são mais bem preservadas em locais secos do que em úmidos, de modo que a importância de áreas em terras baixas, como as florestas no sudeste da Ásia, na Nova Guiné e na Amazônia, pode ser subestimada por falta de evidências. Novas descobertas no pântano de Kuk, na Nova Guiné, sugerem o cultivo de inhame, banana e açúcar há 7 mil anos (confira *Science*, 11 de julho de 2003).

32. A pintura está na catedral de Cusco, antiga capital inca. Edward Lanning (LANNING, Edward. *Peru before the Incas*. Englewood Cliffs, NJ: Prentice-Hall, 1967) apresenta um bom

levantamento das plantas e animais domesticados no Peru. As suas origens e datas têm, desde então, se tornado mais conhecidas a partir de descobertas na caverna de Guitarrero e em outros lugares. Quéchua, a língua inca, tem uma palavra nativa para galinha e há crescente evidência de que o Peru tinha galinhas de origem asiático-polinésia antes de Colombo.

33. Lanning (LANNING, *Peru before the Incas*, p. 15), lista 39. Confira também NATIONAL RESEARCH COUNCIL. *Lost Crops of the Incas*. Washington, DC: National Academy Press, 1989, que lista trinta lavouras andinas, negligenciadas, de potencial mundial, e descreve dezenas de outras da América do Sul. A América Central compartilhou algumas dessas, mas foi igualmente rica na diversidade de plantas nativas. O milho e a batata eram duas vezes mais produtivos que o trigo (confira PONTING, *Green History*, p. 112). Em VIOLA, Herman & MARGOLIS, Carolyn (ed.). *Seeds of Change: A Quincentennial Commemoration*. Washington, DC: Smithsonian Institution Press, 1991, Herman Viola e Carolyn Margolis documentam o impacto das lavouras do Novo Mundo no Velho Mundo, uma questão à qual voltarei no capítulo 5.
34. STRINGER & MCKIE, *African Exodus*, p. 163.
35. Menos de dois hectares.
36. Quatro hectares.
37. Treze hectares.
38. Segundo Bruce Trigger (TRIGGER, *Early Civilizations*, p. 33): "O principal fator econômico a delinear o desenvolvimento das primeiras civilizações foi a produção mais intensa de alimentos, em relação ao que as tecnologias de ferramentas cortantes desempenharam apenas um papel menor... A complexidade das ferramentas disponíveis em cada civilização não corresponde à intensidade da produção agrícola, nem tampouco qualquer dessas civilizações parece ter possuído

ferramentas tão elaboradas quanto as apresentadas pelas sociedades tribais da Europa da Idade do Ferro."
39. David Webster (WEBSTER, David. *The Fall of the Ancient Maya: Solving the Mystery of the Maya Collapse*. Londres: Thames and Hudson, 2002. p. 77) escreve: "Sociedades extremamente complexas podem se desenvolver na ausência de uma grande mudança tecnológica, uma idéia que contraria nossa intuição por serem nossas vidas tão afetadas por inovações rápidas e poderosas."
40. Na China, as "Idades" da Pedra, do Bronze e do Ferro coexistiram por longo tempo e os passos tecnológicos não seguiram a sucessão supostamente "lógica" da Eurásia ocidental. O bronze ainda era preferido para armas muito depois da descoberta do ferro. William Watson (WATSON, William. *China*. Londres: Thames and Hudson, 1961. p. 15) escreve: "O ferro era fundido alguns séculos antes de ser forjado, confundindo assim a nossa preconcepção ocidental do desenvolvimento natural dessa técnica."
41. Dorothy Hosler (HOSLER, Dorothy. "Ancient West Mexican Metallurgy: South and Central American Origins and West Mexican Transformations". *American Anthropologist*, 90, nº 4, 1988. p. 832-855) discute a origem e o avanço das técnicas metalúrgicas da América do Sul para o México, argumentando que duas tradições distintas de trabalho em metal surgiram nos Andes. No sudeste dos Andes o trabalho em metal tem sido identificado na forma de escórias de cobre nos sítios Wankarani na Bolívia (dos quais o maior tinha mais de 700 residências) e em Waywaka, perto de Andahuaylas (confira MOSELEY, *Incas and Their Ancestors*, p. 144 e 148). No tempo dos incas, o uso cotidiano de ferramentas de bronze era difundido. Que algum ferro, provavelmente meteórico, era conhecido é algo sugerido pela existência de uma antiga palavra em língua quéchua para denominá-lo (*qquillay* ou *kkhellay*).

Os quipus (*khipu*) eram elaborados registros em cordas estocados em armazéns e utilizados por uma classe de funcionários públicos. A significação era codificada por meio de tipos, posições e cores dos nós. A chave para se ler os quipus foi perdida no período da conquista, com a destruição dos arquivos e a fuga ou a morte da maioria dos funcionários. Foi demonstrado que a matemática quipu usava o zero (assim como os maias), mas em um sistema decimal, e não vigesimal como na Mesoamérica. Os sobreviventes incas dizem que os quipus eram capazes de armazenar informações tanto narrativas quanto estatísticas. Os especialistas eram céticos quanto a isso até recentemente, quando o novo trabalho de Gary Urton sugeriu que o sistema era um "código binário tridimensional" com pelo menos 1.536 "unidades de informação" ou signos — mais do que a escrita cuneiforme suméria. Confira *Science*, 13 de junho de 2003.

42. Os esqueletos merovíngios franceses do início da Idade Média, por exemplo, indicam fome crônica, em boa parte porque o metal era reservado para as armas, fazendo com que camponeses, que não sabiam mais como fabricar ferramentas de pedra, escavassem o solo com enxadas e arados de madeira. George Duby e Robert Mandrou citados em JACOBS, Jane. *The Economy of Cities*. Nova York: Random House, 1969. p. 14-15.
43. Çatal Hüyük, que se localiza perto de um vulcão, parece ter comercializado a obsidiana.
44. CHILDE, Gordon. *New Light on the Most Ancient East*. Londres: Routledge and Kegan Paul, 1954.
45. "Espaço de vida" para o povo alemão.
46. O declínio do demônio desde o Iluminismo é ilustrado por uma anedota da vida do grande geólogo e naturalista francês Georger Cuvier (1769-1832). Um de seus alunos se vestiu certa noite de demônio e entrou no quarto de Cuvier ameaçando devorá-lo. Cuvier olhou a aparição de cima a baixo e disse: "Eu

duvido que você possa fazer isso. Você tem chifres e cascos. Você só come plantas." (DANIEL, *The Idea of Prehistory*, p. 34).
47. *O agente secreto* foi publicado ao longo de 1906 como uma série e em 1907 como um livro. O termo "terrorismo" surgiu no período da Revolução Francesa, com o sentido de violência em massa. Em 1813, John Adams perguntou a Thomas Jefferson, em uma carta sobre os distúrbios na Filadélfia: "O que pensa o senhor do terrorismo, senhor Jefferson?"
48. Alguns especialistas argumentam que pequenas imigrações para a América aconteceram há cerca de 50 mil anos. A opinião correntemente mais aceita é de que os povos não se assentaram nas Américas antes de cerca de 15 mil anos atrás.
49. A Austrália foi um terceiro laboratório. As opiniões divergem a respeito de por que a agricultura nunca se desenvolveu ali (confira nota 27, antes). Há, no entanto, restos de vilarejos construídos com pedras sustentados pela produção regular de inhame e de outras plantas selvagens — um passo importante em direção à horticultura.
50. Essas doenças pandêmicas e seus efeitos serão discutidos no capítulo 5.
51. Confira ALLEY, Richard. *The Two-Mile Time Machine: Ice Cores, Abrupt Climate Change, and Our Future*. Princeton, NJ: Princeton University Press, 2000. Em 2004, pesquisadores britânicos obtiveram núcleos de gelo polar que datavam de 800 mil anos atrás (BBC World News, 9 de junho de 2004). Um período de graves oscilações, entre 35 mil e 40 mil anos atrás, pode ter permitido à ramificação sudeste e de clima quente da humanidade — os cro-magnons — invadir a área da ramificação nordeste adaptada ao frio, os neandertais.
52. Ibid., p. 192. Ao final de 2003, as reservas mundiais de grãos caíram para apenas 16,2% do consumo, de níveis de cerca de 30% entre 1990 e 2000. Confira MITTELSTAEDT, Martin. "The Larder Is Almost Bare". *Globe and Mail*, 22 de maio de 2004.

53. Mark Lynas (LYNAS, Mark. *High Tide: News from a Warming World*. Londres: Flamingo, 2004) descreve o desaparecimento de uma impressionante escadaria de gelo no Peru. Inge Bolin (BOLIN, Inge. "Our Apus Are Dying! Glacial Retreat and Its Consequences for Life in the Andes". Artigo apresentado na reunião da American Anthropological Association, Chicago, Illinois, 19 de novembro de 2003) relata evidências etnográficas e científicas do rápido desaparecimento de outras.

III. O paraíso dos tolos

1. Confira a minha definição de civilização no capítulo 2. A maior parte dos arqueólogos calcula em 3000 a.c., ou algo por volta disso, o início das primeiras civilizações propriamente ditas, na Suméria e no Egito. Já o *início do processo* que levou à civilização começou há cerca de 10 mil anos, tanto no Novo quanto no Velho Mundo, com os primeiros passos no cultivo das plantas.
2. Citado em DANIEL, *The Idea of Prehistory*, p. 14-15.
3. Carta de Francisco de Toledo de 25 de março de 1571, citada em PARDO, Luis A. (ed.) *Saqsaywaman*, nº 1, julho de 1970. p. 144.
4. ROGGEVEEN, Jacob. *The Journal of Jacob Roggeveen*. Tradução e edição de Andrew Sharp. Oxford: Clarendon Press, 1970. Citado em BAHN, Paul & FLENLEY, John. *Easter Island, Earth Island*. Londres: Thames and Hudson, 1992. p. 13 e de modo mais completo em ORLIAC, Catherine & ORLIAC, Michael. *Easter Island*. Tradução de Paul G. Bahn. Nova York: Abrams, 1995. p. 98-99.
5. ORLIAC, *Easter Island*, p. 17.
6. Mesmo que tanto a terra quanto o mar fossem menos ricos em espécies do que os grandes arquipélagos tropicais como as Ilhas Fiji e o Taiti. Apresentando mais semelhanças com as Ilhas Marquesas, a Ilha de Páscoa não apresenta um arrecife de coral à sua volta.

7. Ou uma espécie extinta intimamente aparentada à palmeira chilena.
8. Quase todas essas espécies tinham, em última análise, origem no sudeste asiático. A exceção cabe à batata-doce, originária da América do Sul e conhecida em toda a Polinésia (*pace* BAHN & FLENLEY, *Easter Island*) por versões de seu nome quéchua, *kumara*. Por motivos desconhecidos, o porco não fez essa viagem.
9. Em seu excelente livro sobre a Ilha de Páscoa, Bahn e Flenley (ibid., p. 46) erram ao declarar que os antigos peruanos não dispunham de embarcações a vela. Havia uma sofisticada cultura de navegação, que usava balsas em trajetos oceânicos ao longo da costa sul-americana desde os tempos de Tiwanaku (no primeiro milênio d.C.). No tempo dos incas, tais embarcações realizavam viagens comerciais regulares costa acima, do Império até Chincha e de outros portos ao sul de Lima até Guaiaquil e, de lá, para o Panamá. Os navios eram semelhantes em desenho ao *Kon-Tiki*, porém maiores e mais sofisticados. Equipados com várias bordas centrais, eram capazes de navegar contra o vento e ainda realizavam, no século XVIII, viagens de ida e volta às ilhas Galápagos — 600 milhas (quase mil quilômetros) em cada trecho. Pizarro ficou sabendo do Império Inca em 1526 ao interceptar uma tropa comercial que vinha de seu porto de origem em Tumbez e se dirigia para o Panamá. O navio em que ele embarcou tinha uma tripulação de vinte homens e carregava trinta toneladas de carga. Os espanhóis o compararam, em seu tamanho e em seu equipamento de navegação, às suas próprias caravelas. Também se sabe que os marinheiros peruanos pré-incas chegaram a Galápagos em várias ocasiões, deixando para trás uma cerâmica bem característica. É possível que os peruanos pré-incas tenham chegado às Ilhas Marquesas, que podem ter sido o "eixo" da imigração para a Ilha de Páscoa, o Havaí e outros grupos de

ilhas. Penso que seja igualmente possível que as canoas polinésias tenham chegado à costa da América do Sul e retornado às suas ilhas pátrias. Cronistas espanhóis registram relatos de uma expedição, no século XV, de Tupa Inca Yupanqui (o avô de Atahualpa) a ilhas desabitadas a uma distância de dois meses de viagem do Peru — confira, para um levantamento dessa evidência e da sua influência nas primeiras explorações espanholas, HEYERDAHL, Thor. *Sea Routes to Polynesia*. Londres: Allen and Unwin, 1968, capítulos 4 e 5. Parece improvável que um chefe inca navegasse pessoalmente e deixasse o seu império durante um ano, mas pode ter financiado uma tal expedição.
10. 166 quilômetros quadrados.
11. BAHN & FLENLEY, *Easter Island*, p. 214.
12. Nove metros.
13. Quatorze metros.
14. COOK, James, citado em ibid., p. 170.
15. Ibid., p. 165.
16. Em geral isso era evitado, embora não em Coventry e Dresden.
17. Roggeveen matou pelo menos uma dúzia. Ataques de estrangeiros tornaram-se mais tarde sistemáticos, quando o "blackbirding", a escravização dos polinésios, espalhou-se por todo o Pacífico. Em 1805, o navio americano *Nancy* matou muitos ilhéus e raptou outros tantos para o trabalho forçado. Em 1822, o baleeiro *Pindos* capturou meninas jovens para "entreter" a sua tripulação, jogando-as ao mar quando os marinheiros se sentiram satisfeitos. Mas o pior veio em 1862, quando os ataques de escravos peruanos levaram consigo metade ou mais da população para as "ilhas da morte", as infames escavações, financiadas pelos britânicos, em busca de guano na costa peruana, onde os trabalhadores eram acorrentados todos juntos e trabalhavam até cair. Apenas 15 deles conseguiram voltar vivos para a Ilha de Páscoa (depois

de apelos humanitários do bispo do Taiti) e trouxeram consigo a varíola. Por volta de 1872, quando Pierre Loti viu a ilha, esta era uma sepultura em massa, com pouco mais de cem pessoas ainda vivas (BAHN & FLENLEY, *Easter Island*, p. 179).
18. As que hoje ainda estão de pé foram restauradas.
19. BAHN & FLENLEY, *Easter Island*, p. 213 e 218.
20. A ilha chegou a ter uma forma de escrita, chamada de *rongorongo*, embora muitos especialistas considerem-na de origem posterior ao contato.
21. Na Suméria e no Egito a civilização surgiu por volta de 3000 a.C., no vale do rio Indo por volta de 2500 a.C., na China da dinastia Shang por volta de 1700 a.C., na Creta minóica e na Grécia micênica por volta de 1700 e 1500 a.C., respectivamente, no México dos olmecas e no Peru chavín por volta de 1200 a.C. Novos e importantes trabalhos sobre a costa peruana demonstraram irrigação e urbanismo (totalizando 2 milhões de metros cúbicos, incluindo as pirâmides) começando em Caral por volta de 2600 a.C.
22. Mesopotâmia, Índia, Egito e Grécia compartilharam os mesmos grãos do Crescente Fértil. China, México e Peru desenvolveram as suas próprias lavouras, compartilhando as outras posteriormente. O grau de difusão de aspectos culturais, tais como arte, matemática e escrita, entre os dois hemisférios é calorosamente debatido por escolas rivais de pensamento. No meu ponto de vista, a primeira civilização chinesa foi quase tão independente de outras quanto as civilizações do México e do Peru.
23. Essas incluem os assírios, os babilônios, os fenícios, os judeus, os árabes e todos os outros povos de línguas semíticas.
24. SANDARS, N. K. (tradução). *The Epic of Gilgamesh*. Harmondsworth, UK: Penguin, 1972. p. 65. Poucos desses textos existem na língua original suméria, a maior parte deles nos chegou em recensões assírias ou babilônicas. Sandars, portan-

to, usa antigos nomes semíticos para os personagens e divindades. O original sumério para a deusa Ishtar, por exemplo, era Inanna. Anu, o deus do céu e pai de outros deuses, era Na; Shamash, o Sol, era Utu, e Ea, a deusa da sabedoria, era Enki.
25. Quatro e 12 hectares, respectivamente.
26. Marshall Sahlins chamou a sociedade de caça-colheita de "sociedade abundante original", porque poucas horas de trabalho eram necessárias para gerar alimento e abrigo (SAHLINS, Marshall David. *Stone Age Economics*. Londres: Tavistock Publications, 1972, capítulo 1). Os números sobre expectativa de vida em Çatal Hüyük (SCARRE, *Past Worlds*, p. 82) não são ruins para padrões antigos, mas são provavelmente mais baixos do que os da maioria dos grupos de caça-colheita. Esses números são deduzidos das quantidades de sepulturas dentro das casas.
27. Confira REDMAN, Charles. *Human Impact on Ancient Environments*. Tucson: University of Arizona Press, 1999. p. 106-109. As evidências incluem pólen, carvão vegetal, camadas de cinza e sedimentos. O trabalho de Gary e de Ilse Rollefson em Ain Ghazal, na Jordânia, forneceu a evidência-chave para a degradação ambiental. As casas se tornaram menores à medida que a espessura da madeira diminuía e que a caça tornava-se mais escassa e menos variada.
28. Por volta da década de 1970, a maior reserva remanescente de cedros no Líbano tinha apenas 400 árvores. (FISHER, W. B. *The Middle East*: *A Physical, Social and Regional Geography*. Londres: Methuen, 1978. p. 95.)
29. CHILDE, Gordon. *New Light on the Most Ancient East*. Londres: Routledge and Kegan Paul, 1954. p. 144. Essa obra foi originalmente publicada como *The Most Ancient East*, em 1928.
30. Essa é a famosa e ainda controversa "teoria hidráulica" para as origens da civilização, proposta por Julian Steward em 1949. Embora não seja aplicável a qualquer civilização, ainda tem

algum valor em casos como a Mesopotâmia, o Egito e o vale do rio Indo.

31. Confira TRIGGER, *Early Civilizations*, p. 9, citando ADAMS, Robert McCormick. *Heartland of Cities: Surveys of Ancient Settlement and Land Use on the Central Floodplain of the Euphrates.* Chicago: Chicago University Press, 1981.
32. Tais monumentos eram construídos com tijolos de argila cobertos por uma camada de revestimento mais resistente à água, que podia ser de ladrilhos coloridos, pedras ou tijolos queimados; o topo e os degraus eram revestidos de alcatrão, o mais antigo uso até hoje conhecido do petróleo iraquiano. Por sua altura e pelo uso de ladrilhos coloridos em padrões geométricos, o zigurate foi um antecessor do minarete.
33. CHILDE, *What Happened in History*, p. 101.
34. Em locais onde boas pedras, tais como o sílex e a obsidiana, são abundantes, as vantagens do bronze não necessariamente superam os custos e os esforços de se trabalhar com ele. Mas onde todas as matérias-primas são importadas de longe, ferramentas de bronze têm a vantagem de ser infinitamente reparáveis: um machado ou uma lâmina quebrados podem ser refundidos ou transformados em alguma outra coisa. Ferramentas de pedra quebradas, ao contrário, são quase sempre lixo.
35. Sexo e prostituição sagrados são encontrados em muitas culturas. As "prostitutas" sumérias eram provavelmente semelhantes às heteras dos templos da Grécia clássica. Esse costume mesopotâmico sem dúvida contribuiu para uma visão posterior bíblica da Babilônia como a "grande prostituta".
36. Confira, por exemplo, a história apócrifa "Bel e o dragão", na qual Daniel mostra ao rei da Babilônia como os seus sacerdotes o estão enganando.
37. 450 hectares.
38. Ur tinha apenas 150 acres (sessenta hectares), um tamanho mais usual entre os sumérios. As populações provavelmente

variavam entre 50 mil habitantes em Uruk e 10 mil e 20 mil habitantes em Ur e nas outras cidades — algo comparável a muitas das primeiras cidades de porte médio nos dois hemisférios e àquelas da Europa medieval, mas muito menor do que Roma, que tinha cerca de um milhão de habitantes, ou que Tenochtitlan (Cidade do México), com cerca de 250 mil habitantes. Confira adiante a nota 20 do capítulo 4.

39. SANDARS, *Gilgamesh*, p. 61.
40. Mallowan (MALLOWAN, M. E. L. *Early Mesopotamia and Iran*. Londres: Thames and Hudson, 1965. p. 88) cita evidências textuais em Lagash da primeira "separação entre a igreja e o Estado".
41. Durando entre os europeus até a Revolução Francesa e entre os japoneses até 1945.
42. PONTING, *Green History*, p. 58.
43. COETZEE, J. M. *Waiting for the Barbarians*. Londres: Penguin, 1982. p. 79.
44. Esse túmulo é datado do primeiro Período Dinástico, nível II ou III, e não deve ser confundido com o da Terceira Dinastia em Ur, depois de Sargon.
45. Na antiga China, um túmulo Shang continha 165 sacrifícios humanos (confira SCARRE, *Past Worlds*, p. 147 e WATSON, *China*, p. 69).
46. A maior pirâmide de Cahokia, que ocupa 16 acres (seis hectares e meio), é uma das maiores construções mundiais de todos os tempos e a maior dos Estados Unidos antes do século XX. O centro da cidade tinha um recinto fechado de 300 acres (120 hectares) e o centro urbano total tinha pelo menos 1.200 acres (490 hectares). Confira SCARRE, *Past Worlds*, p. 230-231; WEATHERFORD, Jack. *Native Roots: How the Indians Enriched America*. Nova York: Crown, 1991. p. 6-18; TAINTER, Joseph A. *The Collapse of Complex Societies*. Cambridge: Cambridge University Press, 1988. p. 16; WALDMAN, Carl. *Atlas of the North*

American Indian. Nova York: Facts on File, 1985. p. 22; FOWLER, Melvin. "A Pre-Columbian Urban Center on the Mississippi." *Scientific American*, 23, nº 2, agosto de 1975. As estimativas sobre a população de Cahokia giram em torno de 20 mil a 75 mil habitantes; partindo da grande área por ela ocupada e do número de colinas (cerca de 120), duvido que a cidade tivesse menos do que 40 mil habitantes em seu apogeu, no século XIII. O povo natchez, seu parente mais ao sul, deu continuidade à pratica do funeral de servos até os tempos históricos.

47. Citado em JAY, Nancy. *Throughout Your Generations Forever*: *Sacrifice, Religion, and Paternity*. Chicago: University of Chicago Press, 1992.
48. O mito de Adão e Eva tem lá as suas falhas (sendo uma delas a origem das esposas de seus filhos), mas contém uma mensagem humanitária: de que todos os seres humanos são relacionados por parentesco. Como disse, durante a revolta dos camponeses na Inglaterra, o padre renegado John Ball em uma rima de *rap* do século XIV: "Quando Adão aprofundou e Eva ampliou / de fidalgo quem restou?" Ball, um padre excomungado que recomendava o assassinato de todos os senhores e advogados (confira SHAKESPEARE, *Henrique VI*, parte 2), foi assassinado por Ricardo II em 1381.
49. Vários reis incas — incluindo, por exemplo, Manku Qhapaq e Wayna Qhapaq (também referidos como Manco Capac e Huayana Capac) — tinham esse termo em seus nomes. Em quéchua moderno, *qhapaq* significa simplesmente rico.
50. Citado em SAHLINS, *Stone Age Economics*, p. 259.
51. A China teve fome em, aproximadamente, pelo menos uma província a cada ano durante os últimos 2 mil anos (PONTING, *Green History*, p. 103).
52. 130 quilômetros.

NOTAS 183

53. Basra, assim como Bagdá, foi construída por invasores muçulmanos no século VII d.C. e foi tomada e ocupada por tropas britânicas em 2003.
54. 320 quilômetros.
55. Ou enchentes. Arqueólogos encontraram evidências de muitas inundações catastróficas nos primeiros patamares de ocupação suméria.
56. Utnapishtim era da cidade de Shurrupak, a moderna Fará, uma das primeiras a ganhar proeminência (confira SANDARS, *Gilgamesh*, p. 40). Isso sugere que as grandes enchentes por trás do mito aconteceram no início dos tempos sumérios, quando as cidades eram mais facilmente inundáveis. O nome de Utnapishtim significa "o longínquo"; depois da enchente, ele se tornou um espírito das águas na costa do Golfo Pérsico.
57. Esses excertos foram retirados da tradução de Sandars (ibid., p. 108-113).
58. Citado em PONTING, *Green History*, p. 70.
59. As histórias de enchentes talvez sejam o reflexo de uma certa consciência do fardo humano sobre a natureza. Enlil decide destruir a humanidade por causa do barulho e da quantidade de humanos e, depois da enchente, a fertilidade e a duração da vida humana foram reduzidas.
60. TAINTER, *Complex Societies*, p. 7.
61. Citado em PONTING, *Green History*. Baseei-me principalmente no excelente relato de Ponting (p. 68-73) e no de Redman (REDMAN, *Human Impact*, p. 133-139).
62. Retirado das estatísticas da Organização das Nações Unidas para a Agricultura e a Alimentação (FAO) apresentadas em GOUDIE, *Natural Environment*, p. 170. Os números para o Iraque não incluem as terras já fora de uso. Fischer (FISCHER, *Middle East*, p. 85) estima que 80% das terras cultivadas no Iraque são salinas "até um certo ponto" e que 1% se torna "inutilizável" a cada ano. O Egito também está se tornando

salobro, mas boa parte de seus problemas é recente, data da construção da represa alta de Assuã, na década de 1950, que reduziu a irrigação e o fluxo do vale do Nilo, trocando a ecologia natural do Egito por uma artificial, muito semelhante à do Iraque.

IV. Projetos de pirâmides

1. Confira o capítulo 1 e POLLARD, *Idea of Progress*.
2. Adams estimou a população suméria em meio milhão de habitantes, o que é aceito por Trigger (TRIGGER, *Early Civilizations*, p. 30). Isso pode valer para uma perspectiva mais cautelosa, porém, dados os tamanhos das cidades e o fato de que a maior parte das pessoas morava em seu interior, o total pouco provavelmente chegou a mais do que o dobro disso. As estimativas para os maias no século VIII d.C. variam muito, mas podem ser agrupadas na escala de 5 milhões de habitantes para as terra baixas, aos quais poderíamos acrescentar um ou dois milhões para as terras altas da Guatemala e dos Chiapas. Webster, que em geral erra por subavaliar as quantidades, cita estudos geográficos que sugerem cerca de 3 milhões de habitantes para algo em torno de 9 mil milhas quadradas (23 mil quilômetros quadrados) na porção central da terra, apenas um décimo de toda a área maia. Ele chega a um total para as terras baixas de 4 a 5 milhões de habitantes, mas acha que isso ainda pode ser muito (WEBSTER, *Ancient Maya*, p. 173-174). Linda Shele e David Freidel (SCHELE, Linda & FRIEDEL, David. *A Forest of Kings*: *The Untold Story of the Ancient Maya*. Nova York: Morrow, 1990. p. 57-59) aceitam a estimativa de meio milhão de habitantes apenas para o reinado Tikal; os outros Estados, que podem ter chegado ao número de sessenta no século oito, tinham menos de 50 mil habitantes cada.
3. Apesar da grande influência da Suméria sobre as civilizações posteriores, a identidade étnica da Suméria se extinguiu. A lín-

gua sobreviveu apenas como uma língua morta reverenciada por acadêmicos babilônicos sem nenhum parentesco vivo.
4. Há mais de vinte línguas maias aparentadas, mas distintas; cada uma corresponde grosseiramente ao território de uma antiga cidade-Estado. Falantes nativos das línguas maias estão cada vez mais envolvidos em decifrar os textos pré-colombianos e os sacerdotes dos calendários maias, ou "guardiões do tempo", mantiveram vivas, desde os tempos antigos, partes do calendário. Ativistas políticos maias incluem Rigoberta Menchú, ganhadora do Prêmio Nobel da Paz em 1992. Confira LOVELL, W. George. *Conquest and Survival in Colonial Guatemala*: A *Historical Geography of the Cuchumatán Highlands 1500-1821*. 2ª ed. Montreal: McGill-Queen's University Press, 1992 e *A Beauty That Hurts*: *Life and Death in Guatemala*. Austin: University of Texas Press, 2000; MENCHÚ, Rigoberta. *I, Rigoberta Menchú*: *An Indian Woman in Guatemala*. Traduzido por Ann Wright. Londres: Verso, 1984 e TEDLOCK, Barbara. *Time and The Highland Maya*. Albuquerque: University of New Mexico Press, 1982.
5. WRIGHT, Ronald. *A Scientific Romance*. Londres: Anchor, 1997. p. 66 e 259; WRIGHT, Ronald. "Civilization Is a Pyramid Scheme". *Globe and Mail*, 5 de agosto de 2000.
6. GIBBON, Edward. *The History of the Decline and Fall of the Roman Empire*. Londres: Folio Society, 1995. p. 31.
7. O termo "neo-Europa" para designar os Estados Unidos, a Austrália, a Argentina etc. foi cunhado por Alfred Crosby (CROSBY, *Ecological Imperialism*, p. 2-3). Refiro-me aqui à expansão imperialista dos Estados Unidos ao longo de seu continente no século XIX. A mitologia nacional americana a vê como "pioneirismo" e "colonização", mas a conquista e o despejo de um povo indígena atrás do outro, incluindo Estados nativos organizados como os dos cherokees e dos iroquois, foram claramente imperialistas, um antecessor em ato, para não di-

zer em palavras, do *Lebensraum* alemão. A historiadora norte americana Patricia Nelson Limerick escreve: "Não há fato mais claro na História americana do que o fato da conquista. Na América do Norte, assim como na América do Sul... os europeus invadiram uma terra totalmente ocupada por nativos." (LIMERICK, Patricia Nelson. *Something in the Soil: Legacies and Reckonings in the New West*. Nova York: W. W. Norton, 2000. p. 33).

8. Sempre se esquece de que a escultura clássica era originalmente pintada em cores vivas e adornada com peças de vestuário, metais e cabelos, não muito diferente das imagens religiosas medievais.

9. Uma das piores características dos caprinos é serem capazes de subir nos galhos mais baixos, matando todas as árvores maduras ao roerem a casca de seus troncos. W. B. Fischer (FISCHER, *Middle East*, p. 91) escreve: "O pastoreio irrestrito, particularmente aquele marcado pelo 'dente afiado e envenenado dos caprinos', é uma das causas fundamentais do retrocesso agrícola no Oriente Médio." Os ovinos também podem ser um problema, especialmente quando introduzidos em uma pastagem diferente da sua natural, onde as plantas nativas podem não ser capazes de suportá-los.

10. Vi campos tão íngremes no Peru que os agricultores, às vezes, literalmente caem deles.

11. Confira PONTING, *Green History*, p. 76.

12. Citado em ibid., p. 76-77; confira também MANNING, Richard. "The Oil We Eat". *Harper's*, fevereiro de 2004. p. 37-45. O *Crítias* pode ser lido *online* em www.classics.mit.edu, em uma outra tradução de Benjamin Jowett.

13. Extraído de OVÍDIO (Publius Ovidius Naso). *Amores*. Tradução de Guy Lee. Londres: John Murray, 1968, livro 3, reeditado em 2000 como *Ovid in Love*.

14. A cidade era Salamina.

15. TAINTER, *Complex Societies*, p. 132
16. MILTON, John, *Paradise Lost*, livro 4. O jovem William Pitt, discursando na Câmara dos Comuns em 18 de novembro de 1783, acrescentou que ela era também "a crença dos escravos".
17. TRIGGER, *Early Civilizations*, p. 8-9.
18. O período entre 24 a.C. e 284 d.C. é conhecido pelos historiadores como o principado; a ele se seguiu o dominato. Os imperadores só se tornariam formalmente monarcas, com todo o aparato dos déspotas orientais, com Diocleciano.
19. Os "espertos" não viam motivos por que Roma não devesse expandir-se ainda mais, seguindo a rota da seda até a sua origem, próxima ao oceano, no ponto mais extremo do mundo.
20. As estimativas para Roma variam entre 400 mil e um milhão de habitantes, embora não fique claro o quanto da cidade-Estado que a circundava se inclui nesses números. Mesmo que a maior parte dos romanos vivesse em moradias lotadas, as cinco milhas quadradas (12 quilômetros quadrados) cercadas pela muralha aureliana não poderiam ter abrigado mais do que umas poucas centenas de milhares, especialmente dadas as muitas praças e edifícios públicos. É possível que a grande Roma tenha se aproximado da marca de um milhão de habitantes em seu auge, incluindo a sua periferia longínqua, os acampamentos e os vilarejos. As outras cidades do Império Romano eram muito menores, à exceção de Constantinopla, cuja população variava entre 200 mil e 400 mil habitantes no quarto século d.C., e Antioquia, na Síria. Cogita-se que Teotihuacan, uma cidade traçada em quarteirões que cobria uma área de oito milhas quadradas (21 quilômetros quadrados), tivesse cerca de 250 mil pessoas em seu apogeu, entre o primeiro e o sétimo séculos d.C. As primeiras cidades chinesas foram construídas basicamente a partir de madeira e argila, de modo que muito pouco restou como fonte para estimativas; entretanto, ao final do período Chou (no terceiro e no

quarto séculos a.c.), a cidade de G'a-to abrangia 12 milhas quadradas (31 quilômetros quadrados) e pode ter tido 270 mil habitantes (confira WHEATLEY, Paul. *The Pivot of the Four Querters: A Preliminary Enquiry into the Origins and Character of the Ancient Chinese City*. Edinburgo: Edinburgh University Press, 1971. p. 183). O urbanismo não surge com precisão na China até o século XI d.C., quando a população de várias cidades já alcançava a marca de centenas de milhares.
21. WEBSTER, *Ancient Maya*, p. 150; GOUDIE, *Natural Environment*, p. 32.
22. A cidade do México, incluindo as cidades irmãs de Tenochtitlan e Tlatelolco, foi construída em ilhas artificialmente aterradas sobre um grande lago que foi, desde então, drenado. Ela apresentava latrinas públicas e empregava mil varredores de rua. O esgoto era retirado por canoas para uso nos campos. O próprio Cortés escreveu que a praça principal era tão grande que uma cidade de 500 habitantes poderia ser facilmente ali construída e que nela havia quarenta "torres" (pirâmides), sendo a maior delas "mais alta do que a da catedral de Sevilha" (citado em VIOLA & MARGOLIS, *Seeds of Change*, p. 36-37). A cidade tinha cerca de 250 mil residentes em 1519 e não mais do que isso até o final do século XIX. Moshe Safdie (SAFDIE, Moshe. *The City After the Automobile: An Architect's Vision*. Toronto: Stoddart, 1997. p. 85) nota o extraordinário crescimento moderno da Cidade do México, de 345 mil habitantes em 1900 para mais de 21 milhões na década de 1990.
23. Confira os capítulos 2 e 3.
24. Confira a descrição de "Coketown" de Dickens em *Hard Times*, citado adiante na nota 39 do capítulo 5.
25. TAINTER, *Complex Societies*, p. 143. Nesse caso, as moedas de prata eram dracmas egípcias, atreladas ao denário e igualmente desvalorizadas. Fischer (FISCHER, *Middles East*, p. 160) nota, a partir de Plínio, que, com o crescimento do comércio roma-

no com o Extremo Oriente em troca de seda e de outros artigos de luxo orientais, "algo entre um quarto e metade" do ouro e da prata do Império se deslocou para a Ásia.
26. TAINTER, *Complex Societies*, p. 147. Em 378, por exemplo, os mineiros dos Bálcãs desertaram em favor dos visigodos.
27. Na região de Biferno, o impacto foi "sem paralelo na história dos vales até os tempos modernos" (REDMAN, *Human Impact*, p. 116). A bacia do rio Vera, no sudoeste da Espanha, mostra o mesmo: a população (e a erosão) subindo as encostas para, então, entrar em colapso por volta de 400 d.C. Esse vale foi também submetido a um ciclo anterior de destruição, causado pelo cultivo intenso de cevada na Era do Bronze, ao qual seguiram mil anos de abandono até o início do período romano.
28. Nove metros.
29. PONTING, *Green History*, p. 77-78.
30. 2,5 quilômetros quadrados.
31. Confira o antigo poema inglês "The Ruin" do *Exeter Book*.
32. Dez hectares.
33. Se o mundo contava então com 200 milhões de habitantes, penso que seja razoável supor que as Américas tinham de 30 a 50 milhões, o mesmo número que China e Índia, cada. As estimativas de Ponting, de apenas 5 milhões para todo o Novo Mundo em 200 d.C. e de 14 milhões em 1300, são baixas demais (PONTING, *Green History*, p. 92-93). A maioria dos especialistas hoje aceita um total de 80 a 100 milhões de habitantes no Novo Mundo em 1492, quando o total mundial era de 350 a 400 milhões.
34. O Horizonte Chavín, ou Primeiro Horizonte, ganhou seu nome em função de uma cidade sagrada no centro dos Andes chamada Chavín de Huantar. Alguns especialistas vêem as suas ruínas de pedras esculpidas e ornamentadas como um centro de peregrinos; outros pensam que ela teria sido uma capital política.

35. Aproximadamente 4 mil metros.
36. Tiwanaku (ou Tiahuanaco) tinha entre 30 mil e 60 mil habitantes. Capital de um império que foi, por fim, arruinado pela seca, Tiwanaku deixou canais, campos cultivados e construções megalíticas cuja virtuosidade no trabalho com as pedras impressionou os incas mil anos mais tarde. A sua relação com Wari (Huari), uma cidade próxima à moderna Ayacucho, ainda é pouco clara, embora tenham compartilhado um estilo de arte e uma certa iconografia, podendo ter sido Estados rivais. Confira KOLATA, Alan. *Tiwanaku and Its Hinterland: Archaeology and Paleoecology of an Andean Civilization*. Washington, DC: Smithsonian Books, 1996 e STANISH, Charles. *Ancient Titicaca: The Evolution of Complex Society in Southern Peru and Northern Bolivia*. Princeton, NJ: Princeton University Press, 2003.
37. Vinte e um quilômetros quadrados.
38. O homem branco não foi o primeiro responsável pela disseminação urbana em grandes retângulos ao longo das paisagens americanas.
39. Webster, por exemplo (WEBSTER, *Ancient Maya*, p. 297), observou pólen de milho em Copan por volta de 2000 a.C. Outras cidades maias também começaram como vilarejos agrícolas por volta desse período.
40. O primeiro texto é uma estela em El Portón, nas terras altas da Guatemala. Confira SHARER, *Ancient Maya*, p. 79.
41. Nove hectares.
42. Essa é a plataforma Danta em El Mirador, que mede mil pés (300 metros) em cada um de seus lados e tem 230 pés (70 metros) de altura. Parte de seu volume consiste em um outeiro natural; mas são conhecidas outras construções de tamanho comparável desse mesmo período. O complexo de El Tigre tem uma base seis vezes maior do que a do maior templo clássico em Tikal. (Ibid., p. 114 e ss).
43. Sessenta metros.

NOTAS 191

44. No Velho Mundo, foram os babilônios a chegarem mais perto de um sistema numérico posicional, mas parece ter-lhes faltado um verdadeiro zero. Alguns especialistas acreditam hoje que os antigos babilônios tenham de fato desenvolvido um zero verdadeiro por volta de 300 a.C., quando a dinastia selêucida foi instituída por Alexandre. Se assim foi, o zero hindu pode ter sido originado na Babilônia. Há muito se aceita que o sistema "arábico" moderno apareceu pela primeira vez no nordeste da Índia no sexto século d.C. e chegou da Índia a Bagdá no oitavo século. Os matemáticos europeus começaram a ver as vantagens do sistema no século XII, mas a sua adoção completa demorou séculos. Os olmecas e os maias provavelmente aperfeiçoaram o seu sistema no sexto século a.C., mais de mil anos antes dos hindus (e dois a três séculos antes da Babilônia selêucida). Curiosamente, embora o sistema maia seja vigesimal (com base vinte), as línguas maias implicam uma contagem decimal: a palavra "treze" (*oxlahun*) é formada pelas palavras "três" (*ox*) e "dez" (*lahun*), assim como em inglês e em várias outras línguas. Os incas da América do Sul também tinham o zero em um sistema posicional, mas a sua data de origem é desconhecida. Alguns especialistas que acreditam nos contatos humanos através do Pacífico sugerem que a aritmética asiática pode ter sido influenciada pelas Américas — algo controverso, mas não impossível, especialmente dada a extrema raridade da invenção do zero.
45. A escrita egípcia é bem diferente da suméria, mas a *idéia* de escrita pode ter se originado na Suméria. O mesmo pode valer para a escrita do vale do Indo, que ainda não foi decifrada. Um caso interessante e bem documentado de escrita estimulada, mas não copiada, é o da escrita silábica cherokee, inventada por Sequoyah no início do século XIX. Para a história da decifração maia, confira COE, Michael D. *Breaking the Maya Code*. Londres: Thames and Hudson, 1992.

46. Trigger (TRIGGER, *Early Civilizations*, p. 8 ss.) nota que as civilizações que inventaram a escrita totalmente sozinhas o fizeram no início de suas histórias.
47. Confira SHARER, *Ancient Maya*, para um bom relatório sobre a astronomia maia e WRIGHT, Ronald. *Time Among the Maya*. Londres: Bodley Head, 1989, para uma boa descrição do funcionamento dos calendários e exemplos de alguns cálculos extraordinariamente antigos. THOMPSON, J. Eric S. *Maya Hieroglyphci Writing*. Norman: University of Oklahoma Press, 1971 e KELLEY, David H. *Deciphering the Maya Script*. Austin: University of Texas, 1976 ainda estão entre as melhores fontes sobre o calendário, embora o seu trabalho sobre a escrita já seja hoje datado.
48. SHARER, *Ancient Maya*, p. 471.
49. Confira Ibid., p. 467-476. A maioria das cidades maias, ao contrário das do México, não se organizava em grades, a área urbana desaparecia gradualmente dando lugar ao entorno rural. Os "limites" de Tikal são aterros e bacias hidrográficas que demarcam cerca de cinqüenta milhas quadradas (130 quilômetros quadrados) de povoamento central. Alguns estudiosos dos maias defendem um sistema de muitas cidades-Estado, nominalmente independentes, embora organizadas em uma hierarquia alternada de poder, semelhante à das cidades-nação modernas. Outros acreditam que algumas das maiores cidades tenham estabelecido impérios de curta duração, tal como Atenas fez na Grécia.
50. 200 por quilômetro quadrado.
51. Confira Ibid., p. 471 e CULBERT, T. Patrick & RICE, Don S. (ed.). *Precolumbian Population History in the Maya Lowlands*. Albuquerque: University of New Mexico Press, 1990. Confira também, para uma análise geral da questão populacional, WEBSTER, *Ancient Maya*, p. 173-174, entretanto, penso que ele subestima a extensão da agricultura intensiva, além do que a

sua descrição das cidades maias como meros "centros reais" parece retomar o modelo, há muito desacreditado, do centro cerimonial. Quanto aos demais aspectos, o seu livro é o melhor e o mais atualizado relato do colapso maia disponível.

52. Os astecas, que tinham um sistema semelhante nos lagos rasos ao redor da Cidade do México, colhiam até quatro safras por ano. Nas encostas agrárias, os maias por vezes construíram terraços para sustentar a terra, mas não na mesma escala da Ásia ou dos Andes. Os habitantes da cidade de Tiwanaku, no alto dos Andes bolivianos, também construíram campos suspensos ao redor do lago Titicaca, embora aí só crescessem batatas e outras lavouras de grande altitude, como o *olluco* e a quinoa. Nesse caso, os canais agiam como bacias de calor, evitando o congelamento; a sua restauração em algumas áreas trouxe uma grande contribuição para a produção. Trigger (TRIGGER, *Early Civilizations*, p. 28-34) detalha o modo asteca de produção de alimentos e outros modos antigos.

53. *Beyond the Mexique Bay*, de Huxley, é uma arqueologia excêntrica e hoje muito datada sobre os maias, mas ainda é um interessante livro da década de 1930 sobre a região.

54. Réplicas impressionantes das construções maias foram exibidas na Feira Mundial de Chicago em 1893. Confira BRAUN, Barbara. *Pre-Columbian Art and the Post-Columbian World: Ancient American Sources for Modern Art*. Nova York: Abrams, 1993, para uma análise fascinante sobre a influência pré-colombiana na arte e na arquitetura modernas.

55. Esses edifícios foram erguidos nos 115 anos entre a vitória de Tikal sobre a sua arqui-rival Calakmul, em 695, e a finalização do Templo III, em 810, ou antes. (Confira WEBSTER, *Ancient Maya*, capítulo 8.) Todos parecem ter sido projetados como sepulturas reais, uma apropriação majestática do espaço público, algo novo na América Central. Os reis e a nobreza eram, antes disso, enterrados em plataformas de templos já existen-

tes. A cripta mais impressionante é a tumba de Pacal em Palenque, encontrada completa, com uma comitiva assassinada ao longo dos corredores e escadas.
56. Ou em algum momento entre 790 e 792. Essas datas foram precariamente preservadas.
57. Com a exceção de uma oscilação quixotesca em 869.
58. Alguns especialistas ainda criticam a correlação entre o calendário de conta longa e o nosso, mas a maioria aceita a elaborada por Goodman, Martinez e Thompson em uma das duas versões que variam apenas por dois dias. Embora os maias pós-clássicos tenham dispensado a conta longa, ainda se recordavam dela e um calendário semelhante, chamado de conta curta, continuou a ser usado no período espanhol. Partes desse sistema são mantidas até hoje pelos guardiões do tempo na Guatemala. Recentemente, esses sacerdotes do calendário resgataram, eles mesmos, o uso da conta longa e passaram a imprimir almanaques.
59. WEBSTER, *Ancient Maya*, p. 273-274.
60. Ibid., p. 312.
61. Ibid., p. 317.
62. Ibid., p. 309.
63. Se a seca fosse a causa principal, seria de se esperar que Yucatán, que ainda é seca nas melhores circunstâncias, fosse a cidade mais sofrida. A sua precipitação de chuva média é 37 polegadas (94 centímetros), cerca de metade da de Tikal (ibid., p. 244). A maior parte de Yucatán não tem rios ou lagos, apenas água subterrânea em cenotes (do maia *dzonot*) naturais e cisternas artificiais. A ansiedade em relação à precipitação das chuvas era sempre alta; muitos dos antigos edifícios de Yucatán são cobertos de esculturas com o rosto de Chac, o deus da chuva e da água. Mas os maias sofriam ainda mais em sua terra central, a floresta de Petén. De Yucatán ao norte e das terras altas ao sul, a civilização perseverava, construindo cidades e trans-

crevendo o seu antigo conhecimento, mesmo no período espanhol. Alguns maias yucatecas ainda eram capazes de ler e escrever na antiga escrita até o começo do século XVIII. Também é verdade que algumas cidades maias sobreviveram na floresta: notadamente Tayasal, no lago Petén Itza, Lamanai e Tipu, em Belize. Mas essas eram de pouca monta. Duvido que a população da floresta tenha se recomposto sequer a um décimo de seus níveis clássicos quando da chegada espanhola. Depois disso, as doenças européias e africanas excluíram qualquer possibilidade de recuperação em níveis anteriores ao período vitoriano. Entretanto, até a conquista de Tayasal, em 1697, os seus números ocasionalmente cresciam em virtude de refugiados do território espanhol.

64. A civilização maia parece ter oscilado duas vezes antes disso: ao final do período pré-clássico (por volta de 200 d.C.) e novamente em meados desse período (no sexto século). A seca aguda pode muito bem ter sido um fator, causando guerras e levantes, mas não o colapso geral.

65. A Peste Negra em meados do século XIV aliviou a pressão sobre o solo europeu, ao passo que a diminuição na mão-de-obra resultante impulsionou a inovação e a mobilidade social. A recuperação dos maias foi interrompida pela varíola e outras novas pragas trazidas pelos espanhóis.

66. O vale de Biferno, criticamente afetado pela erosão nos tempos romanos, não apresentou outro período de exploração intensa até o século XV (REDMAN, *Human Impact*, p. 116). Na cidade maia de Copan, estudos de pólen determinaram o início do retorno da floresta por volta de 1250 d.C.; Webster (WEBSTER, *Ancient Maya*, p. 312-314) descreve a estratigrafia de campos de milho modernos entre as ruínas. Uma agricultura renovada nessa área e na floresta é recente, em sua maior parte — pouco foi visto por exploradores como John L. Stephens e Frederick Catherwood em meados do século XIX.

O norte da África romano, como já foi notado, não se recuperou e é hoje quase todo desértico.

67. As encostas foram arborizadas durante um certo período depois do término da Era Glacial, mas eram em grande parte desérticas no momento do início da civilização egípcia.
68. 39 mil quilômetros quadrados.
69. Em 3 mil anos as únicas inovações importantes foram a introdução da irrigação *shadduf* (balde e vara) por volta de 1300 a.C. e a roda hidráulica *sagiya* por volta de 300 a.c. Ferramentas de pedra, tais como foices e facas de sílex, ainda eram comuns em meados dos tempos imperiais.
70. A ecologia egípcia mudou muito desde a construção da represa alta de Assuã, na década de 1950. A carga de sedimentos não mais alcança os campos e foi substituída por esterco e fertilizantes químicos; a salinização e os acúmulos de água estão se tornando problemas muito sérios. J. A. Wilson (WILSON, J. A. "Egypt through the New Kingdom: Civilization without Cities". In: KRAELING, C. H. & ADAMS, Robert McCormick. *City Invincible*. Chicago: University of Chicago Press, 1960) chamou o Egito de "civilização sem cidades", porque a maior parte de seu povo vivia em pequenos vilarejos de solo seco atrás dos campos situados à margem do rio.
71. De 3000 a.C. até 1500 d.C., a taxa média de crescimento do mundo foi de cerca de 0,1% ao ano (PONTING, *Green History*, p. 89-90), fazendo com que a população dobrasse a cada 800 anos. Calcula-se que o antigo reinado egípcio tivesse entre 1,2 e 2 milhões de habitantes, o reinado intermediário entre 2 e 3 milhões. Houve provavelmente um ápice de 6 ou 7 milhões no início do período ptolomaico, mas esse número caiu um pouco no período romano. Até 1882, o total ainda era de apenas 6,7 milhões de habitantes, sem que se apresentasse nenhum ganho geral durante os mais de 2 mil anos desde os faraós. (CROSBY, Alfred. *The Columbian Exchange*: *Biological and*

Cultural Consequences of 1492. Westport, CN: Greenwood Press, 1972. p. 190.) Por volta de 1964, esse número chegou a 28,9 milhões; Crosby atribui boa parte desse crescimento à introdução do milho. De 1964 para cá, a população dobrou novamente, mas os egípcios agora consomem, sobretudo, trigo importado, passando a usar o seu milho como alimento para os rebanhos. (Confira MITCHELL, Timothy. "The Object of Development: America's Egypt." In: CRUSH, Jonathan (ed.). *The Power of Development*. Londres: Routledge, 1995).
72. 150 por quilômetro quadrado.
73. Estudos sobre as múmias egípcias apontam saúde precária mesmo nas classes mais altas. Infecções parasitárias, disseminadas através das grandes concentrações humanas e da água contaminada, eram comuns e as classes mais baixas, pesadamente exploradas, também eram desnutridas.
74. A principal lavoura era o milho-miúdo, até o surgimento do trigo em 1300 a.C. Foram necessários 6 mil anos para que o trigo alcançasse a China desde a sua domesticação no extremo oposto do continente, o que dá pouca verossimilhança ao rápido transporte de tecnologias no Velho Mundo sustentado por Diamond (DIAMOND. *Guns, Germs and Steel*).
75. O principal item de comércio era a seda, que era transportada da China até Roma indiretamente, pela Rota da Seda. Os dois impérios tinham apenas uma vaga idéia da existência um do outro.
76. Os registros chineses apontam cerca de um período de fome a cada ano em pelo menos uma província entre 108 a.C. e 1910 (PONTING, *Green History*, p. 105).

V. A revolta das ferramentas

1. TAINTER. *Complex Societies*, p. 59.
2. A Europa, o norte da África e outras partes do Velho Mundo perderam cerca de um terço de suas populações na Peste Ne-

gra de meados do século XIV. Na Europa, isso quebrou antigas hierarquias e incentivou o uso de moinhos e outras maquinarias simples. No mundo islâmico, a grande perda de trabalhadores prejudicou as obras de irrigação e causou um declínio econômico, contribuindo para a *reconquista* cristã da Espanha. Em 1500, as pandemias européias ainda não tinham atacado a população do Novo Mundo, que provavelmente contava com 80 a 100 milhões de habitantes — entre um quinto e um quarto do total mundial. Por volta de 1600, em regiões densamente povoadas, como a América Central, os Andes e o sudoeste norte-americano, os níveis de população caíram mais de 90%. Uma perda geral de pelo menos 50 milhões de pessoas no Novo Mundo durante o século XVI é uma estimativa conservadora; as perdas podem ter chegado a 75 milhões ou ainda mais, dependendo do número de que se parte.
3. A população mundial cresce hoje a pouco mais de 70 milhões de pessoas por ano, menos do que os 90 milhões por ano da década de 1980.
4. REDMAN, *Human Impact*, p. 124. Por exemplo, o vale Colca (*qollqa* significa "celeiro") foi quase totalmente aterrado no período inca e terraços ainda em uso podem também ser vistos ao longo do vale Urubamba, perto de Cusco. O guano era extraído por navegantes chincha e transportado até as montanhas por lhamas em estradas pavimentadas. O uso inca do guano poderia ter sido indefinidamente sustentável, se não tivesse perdido o ritmo da deposição dos dejetos dos pelicanos. Assim como o Egito e a China, o Peru teve um subsídio da natureza. Os depósitos foram redescobertos e explorados no famoso "boom do guano" em meados da Era Vitoriana. Confira também a nota 25 adiante.
5. O nome significa, grosseiramente, "os quatro quartos reunidos".
6. Quase 5 mil quilômetros.

7. O império asteca pode ter tido um pouco mais do que o império inca, que era muito maior, mas menos urbanizado. As estimativas variam de 6 a 32 milhões de habitantes para os incas e de 12 a 25 milhões para os astecas, sendo que números ainda mais altos têm ganhado respaldo. Quaisquer que sejam os verdadeiros números, é seguro supor que a Mesoamérica (que incluía os maias e outros povos não submetidos ao controle asteca) e Tawantinsuyu (o império inca) juntos tinham pelo menos metade da população do Novo Mundo. Para uma discussão defasada, mas ainda útil, sobre as estimativas e as fontes da população mundial, confira BRAUDEL, Fernand. "Weight of Numbers". In: *The Structures of Everyday Life*. Nova York: Harper and Row, 1981.
8. 22.500 quilômetros.
9. A economia principal funcionava sobretudo em níveis imperiais. Os povos locais parecem ter conduzido seus próprios negócios dentro de certos limites. Os chincha, por exemplo, desempenharam um papel importante no comércio naval, trocando bens de luxo com o Panamá e possivelmente com o oeste do México. Antigas fontes espanholas e nativas confirmam que as necessidades básicas da vida — alimento, abrigo e vestuário — eram supridas pelo Estado inca em tempos de escassez. Evidentemente, a produção de alimentos se emparelhava com a demanda, muito embora a população fosse grande para o ambiente agreste e diverso da região andina. A nostalgia de uma época de ouro, conhecida como "o tempo dos incas", tornou-se uma característica comum das revoltas contra a Espanha durante três séculos. Os líderes rebeldes adotavam nomes e títulos incas, incluindo um que, na Argentina do século XVII, era nascido na Espanha. Confira MILLONES, Luis. "The Time of the Inca: The Colonial Indians' Quest". *Antiquity*, nº 66, 1992, p. 204-216. O maior levante indígena, a revolta inca de 1780, liderada por Tupa Amaru II, que era um descen-

dente genuíno da realeza inca, chegou perto da expulsão espanhola do Peru — apenas quarenta anos antes das revoltas *criollas* (dos colonizadores brancos) criarem as repúblicas latino-americanas. No México não houve semelhantes esforços para restabelecer o governo asteca, embora elementos do mundo pré-colombiano tenham inspirado o nacionalismo mexicano.

10. Conrad e Demarest (CONRAD, Geoffrey W. & DEMAREST, Arthur, A. *Religion and Empire*. Cambridge: Cambridge University Press, 1984) argumentam que a dinâmica política de sua expansão tornou-os inerentemente instáveis. Isso pode ser verdade, embora eu pense que isso não valha para outros impérios em um estágio semelhante (Roma no tempo de Júlio César, por exemplo). A hegemonia asteca, sendo altamente exploradora e amplamente odiada, era provavelmente a mais instável das duas. Há também evidências de que ambos tentaram reformulações para obter uma estabilidade de longo prazo. É importante lembrar que as guerras civis e a desintegração que Pizarro encontrou no Peru eram devidas totalmente à varíola e a outras pragas do Velho Mundo.

11. A varíola em geral mata de 50% a 75% da população em uma pandemia em "solo virgem". Uma crônica maia apresenta um retrato do efeito inicial da praga na família real de um reino: dos quatro governantes cakchiquel nominalmente mencionados, três morreram ao mesmo tempo. Huayna Capac, do Peru (pai de Atahualpa) e o seu herdeiro direto morreram, assim como Cuitlahuac, que dominara o México depois do assassinato de Montezuma. Pensa-se que todas essas pandemias se desenvolveram a partir da interação de seres humanos com animais domésticos no Velho Mundo, especialmente na Ásia. A agricultura do Novo Mundo apoiava-se basicamente nas plantas e os animais americanos domesticados não parecem ter sido hospedeiros de doenças transmissíveis aos seres humanos.

NOTAS

12. CROSBY, *Ecological Imperialism*, p. 200.
13. Em 1571 e 1518, Francisco Hernandez e Juan de Grijalva foram derrotados em batalhas contra os maias ao longo da costa de Yucatán e do Golfo. Outro espanhol, Alejo García, invadiu o império inca a partir do Paraguai no começo da década de 1520 e também foi forçado a retroceder. Em 1521, Juan Ponce de León foi assassinado a tiros na Flórida e os seus homens bateram em retirada. A maior vitória nativa foi a da Noche Triste ou Noite Triste, na Cidade do México. Dos cerca de 1.200 espanhóis (a maior força européia nas primeiras guerras de conquista), quase 900 foram mortos. Bernal Díaz, que esteve lá, viu 860, incluindo algumas mortes em Otumba. Dos 69 cavalos presentes, os astecas mataram ou capturaram 46. Cortés retrocedeu e ganhou reforços de Cuba, mas não voltou a atacar antes de a varíola ter derrubado a capital mexicana alguns meses depois. Confira WRIGHT, Ronald. *Stolen Continents*, p. 43.
14. Se não me falha a memória, Jimmy Carter deteve o projeto depois de protestos públicos.
15. A conquista da Cidade do México foi uma luta de dois anos de duração, na qual os astecas venciam até a irrupção da varíola. No Peru, um duro conflito começou depois do assassinato de Atahualpa, quando o seu meio-irmão inca, Manco, sitiou Cusco (a capital) e ameaçou queimar os espanhóis. Manco e seus filhos mais tarde estabeleceram um Estado livre inca, o qual defenderam em batalhas por quase quarenta anos. As guerras civis modernas no Peru e na Guatemala, durante a década de 1980, em Chiapas, durante a década de 1990 e a crise de Oka no Canadá foram todas alimentadas por negócios inconclusos entre os brancos e os ameríndios. Já os líderes do Sendero Luminoso no Peru se aproveitaram do nativismo peruano e não foram nunca seus reais defensores.
16. Frei Motolinía, citado em CROSBY, *Columbian Exchange*, p. 52.

17. JENNINGS, Francis. *The Invasion of America: Indians, Colonialism, and the Cant of Conquest*. Nova York: W. W. Norton, 1976. p. 30. Isso é particularmente válido para a América do Norte e partes das planícies tropicais, onde se passou um século ou mais entre o colapso da antiga população e a chegada da nova. Assim como nas florestas maias, boa parte da "floresta virgem" do leste da América do Norte consiste em vegetação secundária, que cobriu as antigas plantações de milho, as cidades e as áreas de caça indígenas. Jennings (uma leitura, a meu ver, essencial) acrescenta que a América do Norte não era uma virgem e, sim, uma viúva.
18. Por volta de 1600, as populações do Peru e do México caíram até cerca de um milhão de habitantes cada, perdas de aproximadamente 95%; elas começaram a se recuperar levemente no século XVIII. Estimou-se que, ao longo dos três séculos de extração mineral em Potosí (Bolívia), mais de um milhão de índios andinos tenham morrido no trabalho. Eles eram alistados segundo uma versão corrompida da antiga remuneração de trabalho inca, que lhes tirava todos os antigos benefícios.
19. O ouro de Cajamarca pesava cerca de sete toneladas, outras três toneladas foram extraídas de Cusco e Cortés tomou cerca de uma tonelada de Montezuma, sendo o real valor do metal na Europa daquela época muito maior do que o seu peso hoje sugere.
20. De *La Misère de la philosophie* ("A miséria da filosofia"), extraído de MARX, Karl. *Karl Marx: Selected Writings in Sociology and Social Philosophy*. Edição de T. B. Bottomore e Maximilien Rubel. Harmondsworth, UK: Pelican, 1961. p. 138.
21. Em 1991, o Smithsonian promoveu uma importante exposição chamada "Sementes da mudança". Confira VIOLA & MARGOLIS, *Seeds of Change*, o catálogo que inclui artigos de Alfred Crosby, William H. McNeill e outros. A batata apresen-

tava, além das já mencionadas, as vantagens de se desenvolver bem em climas frios e de ser dificilmente confiscada ou destruída em tempos de guerra. No nordeste da Europa, a batata proporcionou quatro vezes mais calorias por hectare do que centeio. Confira McNEILL, William H. "American Food Crops in the Old World". In: Ibid., p. 45. McNeill se esquece de mencionar que a mandioca (cassava), muito importante no oeste africano, foi aí introduzida, vinda das Américas, antes de 1600. A batata-doce americana se espalhou por todo o sudeste asiático, incluindo a China e o Pacífico. O milho apresenta alguns inconvenientes: precisa de mais água do que o trigo e não proporciona uma dieta equilibrada a não ser combinado ao feijão. Não obstante, ao final do século XX, a tonelagem de milho e batata produzida em todo o mundo estava perto da de trigo e arroz (ibid., p. 43-44).

22. A Europa teve excessos populacionais e muitos episódios de fome ao longo de boa parte da Idade Média (à exceção de umas poucas gerações de miséria minimizada nas áreas rurais depois da Peste Negra), mas a maioria das pessoas ainda era ligada à terra. A batata foi particularmente importante para o crescimento populacional e a industrialização na Alemanha e na Rússia.

23. Nos primeiros anos de escravidão colonial espanhola e inglesa, antes do estabelecimento do comércio africano, os nativos ameríndios eram levados *da* América para a Europa. Mas tantos deles morreram que o negócio se revelou pouco rentável.

24. Isso também é bem explicado para o leitor em geral em VIOLA & MARGOLIS, *Seeds of Change*.

25. O guano era dejetos secos de aves marinhas que se acumulavam em grandes profundidades das ilhas desertas distantes da costa (a palavra "guano" vem do quéchua *wanu* e significa estrume ou esterco). No século XIX, os depósitos foram rapidamente destruídos, principalmente por causa dos interesses

ingleses; os mineiros constituíam-se de condenados e escravos, incluindo centenas de cativos da Ilha de Páscoa (confira as notas ao capítulo 3). No início do século XX, depósitos semelhantes foram encontrados na Micronésia, em Banaba e Nauru; mas já estão exauridos e provavelmente não há outros. O processo habitual Haber-Bosch de produção de fertilizantes químicos combina o nitrogênio do ar com o hidrogênio do gás natural ou do petróleo.

26. Confira MANNING, "The Oil We Eat", para uma alarmante análise dos custos ocultos da agricultura moderna. Nas civilizações pré-industriais, 80% a 90% da população era de agricultores. Hoje, na América do Norte, apenas 2% trabalham a terra. Entretanto, se incluirmos todas as pessoas empregadas nas indústrias de maquinaria, petróleo, petroquímica e frete envolvidas com a agricultura, o verdadeiro número da produção de alimentos torna-se muito maior. Appenzeller (APPENZELLER, Tim. "The End of Cheap Oil". *National Geographic*, junho, 2004, p. 80-109) apresenta uma boa visão geral das dificuldades em relação à energia fóssil.

27. MCNEILL, "Amercian Food Crops", p. 59.

28. O mundo clássico desenvolveu muitos tipos de maquinário, inclusive bombas para minas; Hero de Alexandria inventou, no período ptolomaico, uma turbina a vapor rudimentar, mas se um modelo eficiente tivesse sido construído, ele não passaria de uma curiosidade, tal como os brinquedos de rodas da Mesoamérica ou as invenções de Leonardo da Vinci. A China produzia ferro fundido com alto-fornos movidos a carvão no primeiro milênio a.C. e a Idade Média européia também foi mais inventiva do que em geral se reconhece. Nenhuma dessas tecnologias "decolou" em lugar nenhum antes de 1492.

29. O seu *best-seller Royal Commentaries of the Incas* foi publicado em 1609 em espanhol e em 1688 em inglês, tendo sido traduzido em várias outras línguas. A sua mãe era uma das filhas do im-

perador Huayna Capac, pai de Atahualpa. O inca Garcilaso morreu em 1616, mesmo ano da morte de Shakespeare e Cervantes.
30. Para a citação de Adair e mais informações sobre os cherokees e os iroquois, confira WRIGHT, *Stolen Continents*, capítulos 4 e 5. Um século depois de Franklin, Friedrich Engels ficou igualmente impressionado com os iroquois, notando, dentre outras coisas, o equilíbrio de poder entre os sexos (ibid., p. 117).
31. Trinta metros.
32. Sociedades desse tipo foram vistas pelos espanhóis sob o comando de Hernando de Soto ao longo de todo o sudeste e os franceses encontraram hierarquias igualmente desenvolvidas ao longo do Mississippi. Pirâmides de argila impressionantes ainda podem ser vistas em Cahokia, perto da cidade moderna de Saint Louis; em Etowah, perto de Atlanta e em vários outros pontos no leste.
33. As nações européias, incluindo a Grã-Bretanha, tornaram-se então mais democráticas do que jamais tinham sido desde o seu modesto início, mil anos antes. Em casa, diga-se de passagem; a democracia não valia para os impérios.
34. Confira FUKUYAMA, *The End of History*.
35. Publicado em 1898. Wells escreveu a história como uma sátira, com grandes colonizadores (os britânicos no auge de seu império) que, de repente, percebiam-se dominados por conquistadores do espaço. Ele decidiu conferir-lhe um final feliz: nesse caso a doença funcionou contra, e não a favor, dos invasores.
36. A serpente persuade Eva a comer da Árvore do Conhecimento (ou da Vida) de modo que "os teus olhos se abrirão e serás como os deuses".
37. O texto *Popol Vuh*, escrito em quéchua utilizando o alfabeto romano, provém do século XVI do planalto da Guatemala, mas inclui uma mitologia que data do período clássico. Algumas

partes podem ter sido transcritas de textos glíficos pré-colombianos. É tentador pensar que a cautelosa parábola da "revolta das ferramentas" seja um eco da queda clássica no século IX.

38. GOETZ, Delia, MORLEY, Sylvanus & RECINOS, Adrián (tradutores). *Popol Vuh*: *The Sacred Book of the Ancient Quiché Maya*. Norman: University of Oklahoma, 1950, p. 91-92. Para uma outra boa tradução, confira TEDLOCK, Dennis. *Popol Vuh*. Nova York: Simon and Schuster, 1985.

39. Do retrato feito por Dickens de "Coketown" em DICKENS, *Hard Times* [Tempos difíceis], [1854] 1969, p. 65: "Era a cidade do maquinário e das altas chaminés, das quais intermináveis serpentes de fumaça abriam caminho continuamente, sem nunca se desenroscarem. Havia um canal negro, um rio que ficou roxo devido à tintura fedentina, e muitas estacas de construção cheias de janelas, de onde provinha barulho e tremor durante todo o dia e onde o pistão da máquina a vapor funcionava, monotonamente, para cima e para baixo, lembrando a cabeça de um elefante em estado de loucura melancólica. Continha muitas ruas largas, todas muito parecidas umas com as outras, e ruas pequenas, ainda mais parecidas umas com as outras, habitadas por pessoas igualmente parecidas umas com as outras, que iam e vinham, todas elas nos mesmos horários, fazendo o mesmo som sobre as mesmas calçadas, para fazerem o mesmo trabalho; para elas todo dia era o mesmo que ontem e que amanhã."

40. De *Coningsby*, publicado em 1844.

41. O gasto anual em armas pelas grandes potências européias era de 158 milhões de libras esterlinas em 1890, 288 milhões em 1910 e 397 milhões em 1914 (confira HOBSBAWM, Eric. *The Age of Empire: 1875-1914*. Nova York: Random House, 1987. p. 350). *O inimigo do povo*, de Ibsen, uma peça de 1822 sobre a poluição da água e práticas civis corruptas, é uma das primeiras obras ambientalistas. Confira IBSEN, [1882], 1979.

NOTAS 207

42. Algumas estimativas para a Guerra Mundial variam entre 15 e 20 milhões de mortes. A grande pandemia de gripe, que pode ter sido incubada nas trincheiras e nos hospitais de guerra, matou mais de 20 ou 40 milhões de pessoas em todo o mundo.
43. Estimativas sobre os mortos das duas guerras mundiais, incluindo as vítimas da fome, de massacres e de perseguição, chegam a 187 milhões de pessoas. Confira REES, Martin. *Our Final Century*. Londres: William Heinemann / Randon House, 2003. p. 25. O livro foi publicado na América do Norte como *Our Final Hour*.
44. O mal da vaca louca é tecnicamente uma encefalopatia espongiforme bovina ou EEB. Em seres humanos ela é usualmente chamada de doença de Creutzfeldt-Jakob, ou DCJ. Hoje está claro que seres humanos podem adquirir a forma bovina através do consumo de carne contaminada, especialmente se ela contiver qualquer tecido cerebral ou da medula espinhal, o que é usado com freqüência como liga em hambúrgueres e tortas de carne. Esse complexo de doenças, que inclui a *scrapie* em ovinos e a *kuru* nos habitantes da Nova Guiné que praticam canibalismo ritual, não é de natureza nem viral nem bacteriológica e não pode ser destruído por procedimentos normais de esterilização. Ainda não completamente compreendidas, pensa-se que essas doenças podem ser causadas por uma proteína auto-reprodutora chamada de príon. Entende-se que o período de incubação em seres humanos é longo, podendo chegar a trinta anos.
45. WRIGHT, *A Scientific Romance*, capítulo 4.
46. Quatro metros e meio.
47. De um repórter da agência France Press, publicado no *Globe and Mail* em 24 de março de 2004.
48. ATWOOD, Margaret. *Oryx and Crake*. Toronto: McClelland and Stewart, 2003, capítulo 6.

49. Os norte-americanos parecem eleger tais pessoas pelo menos uma vez a cada geração (embora não possam ser exatamente responsabilizados por *eleger* George W. Bush em 2000). Assim como Bush em relação ao Protocolo de Kioto, Reagan se recusou a assinar o Tratado Internacional de Direito do Mar, condenando, com isso, o mundo inteiro a mais décadas de petroleiros inseguros, despejos tóxicos, pesca predatória e exploração de marinheiros em navios registrados sob bandeiras de conveniência, como a da Libéria.

50. Boa parte da pior destruição ambiental de ambos os sistemas desde 1945 foi causada pela corrida armamentista da Guerra Fria. Sem isso, ambos poderiam ter sido mais tênues em relação ao seu meio ambiente (e mais cordatos em relação às pessoas sob seu controle). A visão de Engels de que "a produtividade da terra pode ser indefinidamente ampliada pela aplicação de capital, trabalho e ciência" (citado em PONTING, *Green History*, p. 158) poderia facilmente ter sido proclamada por um grande capitalista. Esse otimismo do século XIX, nascido em um tempo em que o mundo natural ainda era vasto e o impacto humano era menos de um quinto do que é hoje, jaz na raiz do nosso impasse atual.

51. Descobriu-se que a contaminação por pesticida nos lagos das Montanhas Rochosas é maior que a das pradarias onde os agentes químicos são espalhados. O mesmo vale para os pólos. Os agentes de contaminação permeiam a atmosfera e se condensam em locais frios e "intocados".

52. TAINTER, *Complex Societies*, p. 214. Tainter é um arqueólogo, por isso é possível objetar que os seus olhos estejam fixados demais em um espelho retrovisor, ao menos é o que dirão os enaltecedores do progresso, pois uma crença na excepcionalidade moderna — de que as antigas regras não são mais aplicáveis a nós — é a pedra angular da sua desconfiança quanto aos limites. Mas um número crescente de cientistas "de fato"

começou a compartilhar as preocupações dos arqueólogos, ecologistas e satíricos.
53. Segundo a imprensa, esse relatório foi requisitado ao antigo conselheiro do Pentágono Andrew Marshall (*Globe and Mail*, 24 de fevereiro de 2004, em referência a versões publicadas pelo *Observer* e pela revista *Fortune*). Desde a Rio 92, a década de 90 superou a de 80 como a década mais quente já registrada e o verão europeu de 2003 foi o mais quente de que se tem notícia.
54. REES, *Our Final Century*, p. 8, 24. Ele acrescenta: "Nossas decisões e ações poderiam assegurar o futuro perpétuo da vida... Ou, ao contrário, devido a intenções malignas, ou devido à desventura, a tecnologia do século XXI poderia arriscar o seu potencial de vida." Rees preocupa-se especialmente com as tecnologias potencialmente perversas, tais como a bioengenharia, a nanotecnologia, a cibernética e algumas experiências apocalípticas nos limites da física. Como astrônomo, ele defende o estabelecimento de uma pequena colônia humana no espaço o mais breve possível, de modo a dar uma segunda chance à vida inteligente se as coisas derem errado. Mas, se nós arruinarmos a Terra, poderemos ser considerados inteligentes? Por que mereceríamos uma segunda chance?
55. A quebra de sigilo das fontes americanas e soviéticas para a crise dos mísseis em Cuba, em 1962, mostra que o mundo chegou muito mais perto de uma guerra nuclear do que se pensou. Robert McNamara, então secretário da defesa norte-americano, escreveu "estivemos a um triz e não nos demos conta disso". Confira ibid., p. 25-28.
56. Seguindo controversas determinações jurídicas nos Estados Unidos, empresas de biotecnologia e de agronegócio registraram patentes de sementes (e até de animais) que elas afirmam ter "inventado". Na verdade, sequer uma *única* matriz alimentícia foi desenvolvida a partir de uma planta selvagem desde

os tempos pré-históricos. Todo o nosso conhecimento sobre produção de alimentos — seja o cultivo seletivo ou a manipulação genética — não passa de carona tomada no trabalho das antigas civilizações. Uma pesquisa apropriada deveria ser premiada, mas se vamos permitir direitos de propriedade privada sobre antigas matrizes alimentícias, então é preciso pagar royalties aos herdeiros dos verdadeiros inventores, a maior parte dos quais é de camponeses trabalhadores que precisam do dinheiro muito mais do que a Monsanto. Não é de se admirar que os países pobres tenham suspeitas quanto aos motivos dos países ricos para a produção em massa de matrizes híbridas e geneticamente elaboradas que ameaçam contaminar e destruir a diversidade de lavouras ainda existente nos antigos centros de agricultura.

57. O secretário de Estado norte-americano Collin Powell disse que a AIDS é uma ameaça muito maior do que o terrorismo.
58. Devido à deficiência de iodo da mãe durante a gestação (esses números são da Micronutrient Initiative, sediada em Otawa, e estão relatados em PICARD, André "'Hidden Hunger' Weakens Physical, Economic Health". *Globe and Mail*, 25 de março de 2004). As estatísticas sobre as mortes em decorrência da água são de PONTING, *Green History*, p. 351.
59. Contando com os mortos nas duas guerras mundiais e na Revolução Russa.
60. Muitas dessas políticas foram desenvolvidas a partir dos Acordos de Bretton Woods, de 1944, sob a influência de John Maynard Keynes. Formas anteriores de rede de seguridade social já existiam, notadamente o New Deal de Franklin Roosevelt. O pós-guerra, que vai da década de 1950 à década de 1970, foi chamado de "época de ouro" pelo historiador Eric Hobsbawm em sua magistral análise do século XX (HOBSBAWM, Eric. *The Ages of Extremes: A History of the World 1914-1991*. Londres: Michael Joseph, 1994). Margaret

MacMillan aponta que a rápida implementação do Plano Marshall no pós-guerra foi estimulada pela ameaça de "um inimigo claro e simples... a União Soviética" (MACMILLAN, Margaret. *Paris 1919: Six Months That Changed the World*. Nova York: Random House, 2001. p. 16).

61. John Kenneth Galbraith, discursando no clube Harvard em Toronto, em 1994.
62. Especialmente a partir da quebra de Wall Street, em 1929. Uma das melhores descrições das condições subseqüentes à Grande Depressão pode ser encontrada em AGEE, James & EVANS, Walker. *Let Us Now Praise Famous Men*. Nova York: Ballantine, 1966. As condições dos anos trinta, chamados de *Dirty Thirties* (o prato de poeira americano) são freqüentemente atribuídas à seca, mas a sua gravidade e as grandes perdas para a erosão foram causadas, principalmente, por práticas impróprias de agricultura em ambientes inadequados. As planícies secas seriam mais bem aproveitadas com os búfalos, que provavelmente poderiam nos fornecer a mesma quantidade de alimentos que obtemos com a agricultura, se os rebanhos selvagens ou semi-selvagens fossem bem administrados. Confira, por exemplo, MANNING, "The Oil We Eat".
63. Entre 1950 e o final da década de 1970, mendigos e desabrigados eram praticamente desconhecidos do Primeiro Mundo. A conseqüência prática da desregulamentação foi um retorno ao darwinismo social — uma perversão do pensamento evolucionista do final do período vitoriano que sustenta que os pobres são pobres por serem inferiores e o melhor para o progresso da raça humana é deixá-los morrer nas ruas.
64. Em 1900, o mundo ainda tinha florestas e reservatórios de pesca intocados, reservas de petróleo ainda não extraídas, potencial hidroelétrico não utilizado e vastas extensões de terras agrícolas em perfeitas condições. A quantidade de terra agrícola por pessoa diminuiu em 20% nos últimos dez anos. A produ-

ção é mantida por técnicas industriais, que tratam a terra como pouco mais do que um meio hidropônico para agentes químicos. A água subterrânea está sendo contaminada e exaurida. Em seu livro, publicado em 1991, Clive Ponting tomou Ruanda como um exemplo do abismo existente entre o Primeiro e o Terceiro Mundos, notando que a renda média ruandesa é um centésimo da média norte-americana. Três anos depois, quase um milhão de ruandeses morreram no pior genocídio desde a Segunda Guerra Mundial. Ao se contar os mortos proporcionalmente em relação à população, isso significou o equivalente ao massacre de 35 milhões de pessoas nos Estados Unidos. O século XXI pode ter começado em Ruanda, não em Nova York.

65. Relatório de Desenvolvimento Humano das Nações Unidas, divulgado em 9 de setembro de 1998. Para um resumo dos pontos principais, confira o *Daily Telegraph*, 10 de setembro de 1998. Os três eram Bill Gates (Microsoft), Helen Walton (Wal-Mart) e Warren Buffett (investidor) respectivamente, com US$ 51 bilhões, US$ 48 bilhões e US$ 33 bilhões. O relatório estima que uma criança nascida nos Estados Unidos, na Grã-Bretanha ou na França irá, durante toda a sua vida, consumir e poluir mais do que cinqüenta crianças nas nações pobres. Também se estima que, em 1998, apenas US$ 40 bilhões seriam necessários para proporcionar saúde básica, educação, água limpa e saneamento básico aos cidadãos mais pobres do mundo. Gates sozinho poderia pagar por isso e ainda lhe sobrariam US$ 11 bilhões; ele também possui mais do que os 100 milhões de norte-americanos mais pobres reunidos. Outras fontes indicam que, dentro dos Estados Unidos, a proporção entre o salário de um diretor executivo e o de um trabalhador de chão de fábrica se elevou de 39/1, no final da década de 1970, para cerca de 1.000/1 hoje. Confira SAUL, John Ralston. "The Collapse of Globalism". *Harper's*, março de 2004, p. 38 e *The Unconscious Civilization*. Toronto: Anansi, 1995, p. 14.

NOTAS 213

66. Relatório de Desenvolvimento Humano das Nações Unidas.
67. Algumas vezes em "boas" políticas ambientais o tiro pode sair pela culatra. Os cientistas brasileiros relataram que 9.300 milhas quadradas (24 mil quilômetros quadrados) da floresta tropical amazônica foram perdidos apenas em 2003. Boa parte desse total foi causada pela devastação de novas terras para a criação de gado e a plantação de soja, requisitada por uma demanda explosiva (principalmente européia) de alimentos não transgênicos. (BBC World News, 8 de abril de 2004.)
68. Um estado de coisas mantido, em grande parte, pela pornografia consumista da propaganda.
69. Os déficits astronômicos de George W. Bush parecem mutilar o Estado norte-americano em todos os campos, à exceção do militar. O resultado, se isso continuar, será uma semelhança maior entre a América do Norte e a América Latina, onde o exército é a única instituição pública eficiente.
70. James Watt, discursando em 1981. Como já foi notado, o darwinismo social sustenta que os pobres são inferiores e que a melhor coisa para o progresso da raça humana é deixá-los morrer.
71. O secretário de justiça de Bush, John Ashcroft, disse que, "na América, não há outro rei senão Jesus". Confira LAPHAN, Lewis. "Reading the Mail". *Harper's*, novembro de 2003, p. 9.
72. CROSBY, *Ecological Imperialism*, p. 92. Confira, para uma análise das catástrofes médicas em potencial, GARRETT, Laurie. *The Coming Plague: Newly Emerging Diseases in a World Out of Balance*. Nova York: Penguin, 1994.

BIBLIOGRAFIA

ADAMS, Robert McCormick. *The Evolution of Urban Society: Esarly Mesopotamia and Prehispanic Mexico*. Londres: Weidenfeld and Nicholson, 1996.
——. *Heartland of Cities: Surveys of Ancient Settlement and Land Use on the Central Floodplain of the Euphrates*. Chicago: Chicago University Press, 1981.
AGEE, James & EVANS, Walker. *Let Us Now Praise Famous Men*. Nova York: Ballantine, 1966. Primeira edição de 1939.
ALLCHIN, Bridget & ALLCHIN, Raymond. *The Birth of Indian Civilization*. Harmondsworth, UK: Pelican, 1968.
ALLEY, Richard. *The Two-Mile Time Machine: Ice Cores, Abrupt Climate Change, and Our Future*. Princeton, NJ: Princeton University Press, 2000.
APPENZELLER, Tim. "The End of Cheap Oil". *National Geographic*, junho, 2004, p. 80-109.
ARENS, W. *The Man-Eating Myth: Anthropology and Anthropophagy*. Nova York: Oxford University Press, 1979.
ATWOOD, Margaret. *A história da aia*. São Paulo: Marco Zero, 1987.
——. *Oryx and Crake*. Rio de Janeiro: Rocco, 2004.
BAHN, Paul & FLENLEY, John. *Easter Island, Earth Island*. Londres: Thames and Hudson, 1992.
BOLIN, Inge. "Our Apus Are Dying! Glacial Retreat and Its Consequences for Life in the Andes". Artigo apresentado na

reunião da American Anthropological Association, Chicago, Illinois, 19 de novembro de 2003.

BOTTOMORE, T. B. & RUBEL, Maximilien (ed.) *Karl Marx: Selected Writings in Sociology and Social Philosophy*. Hardmondsworth, UK: Pelican, 1961.

BRAUDEL, Fernand. *The Structures of Everyday Life*. Nova York: Harper and Row, 1981.

———. *Civilização material, economia e capitalismo*. São Paulo: Martins Fontes, 1996.

BRAUN, Barbara. *Pre-Columbian Art and the Post-Columbian World: Ancient American Sources for Modern Art*. Nova York: Abrams, 1993.

BRODY, Hugh. *The Other Side of Eden: Hunters, Farmers and the Shaping of the World*. Vancouver: Douglas and McIntyre, 2000.

BROTHERSON, Gorfon. *Book of the Fourth World: Reading the Native Americas through Their Literature*. Cambridge: Cambridge University Press, 1992.

BUTLER, Samuel. *Erewhon*. Harmondsworth, UK: Penguin, 1970. Publicado originalmente em 1872.

CHANG KWANG-CHIH. *Early Chinese Civilization: Anthropological Perspectives*. Cambridge, MA: Harvard University Press, 1976.

CHILDE, Gordon. *New Light on the Most Ancient East*. Londres: Routledge and Kegan Paul, 1954.

———. *What Happened in History*. Harmondsworth, UK: Pelican, 1964.

CHUA, Amy. *World on Fire: How Exporting Free Market Democracy Breeds Ethnic Hatred and Global Instability*. Nova York: Anchor, 2004.

CLARKE, Peter. *Hope and Glory: Britain 1900-1990*. Londres: Penguin, 1996.

CLENDINNEN, Inga. *Aztecs: An Interpretation*. Cambridge: Cambridge University Press, 1991.

———. *Reading the Holocaust*. Melbourne: Text, 1998.

COE, Michael D. *The Maya*. Londres: Thames and Hudson, 1987.

———. *Breaking the Maya Code*. Londres: Thames and Hudson, 1992.

COETZEE, J. M. *À espera dos bárbaros*. São Paulo: Companhia das Letras, 2006.

COHEN, Mark Nathan. *The Food Crisis in Prehistory: Overpopulation and the Origins of Agriculture*. New Haven, CN: Yale University Press, 1977.

CONRAD, Geoffrey W. & DEMAREST, Arthur, A. *Religion and Empire*. Cambridge: Cambridge University Press, 1984.

CONRAD, Joseph. *O agente secreto*. Rio de Janeiro: Revan, 2002.

CROSBY, Alfred. *The Columbian Exchange: Biological and Cultural Consequences of 1492*. Westport, CN: Greenwood Press, 1972.

———. *Imperialismo ecológico*. São Paulo: Companhia das Letras, 1993.

CULBERT, T. Patrick & RICE, Don S. (ed.). *Precolumbian Population History in the Maya Lowlands*. Albuquerque: University of New Mexico Press, 1990.

DANIEL, Glyn. *The Idea of Prehistory*. Harmondsworth, UK: Pelican, 1962.

DAVIS, Wade. *One River: Explorations and Discoveries in the Amazon Rain Forest*. Nova York: Simon & Schuster, 1996.

DAWS, Gavan. *A Dream of Islands*. Honolulu: Mutual Publishing, 1980.

DENEVAN, William. "The Pristine Myth: The Landscape of the Americas in 1492". In: BUTZER, Karl (ed.). *The Americas Before and After Columbus*. Oxford: Blackwell, 1992.

DIAMOND, Jared. *Armas, germes e aço*. Rio de Janeiro: Record, 2001.

DICKENS, Charles. *Hard Times*. Harmondsworth, UK: Penguin, 1969. Publicado originalmente em 1854.

DILLEHAY, Tom D. (ed.). *Monte Verde: A Late Pleistocene Settlement in Chile*. Washington, DC: Smithsonian Books, 1989.

EDWARDS, Clinton R. "Possibilities of Pre-Columbian Maritime Contacts among New World Civilizations". In: KELLEY, J. C. & RILEY, C. L. (ed.). *Pre-Columbian Contact within Nuclear America*. Carbondale: University Southern Illinois University Press, 1969.

EISELEY, Loren. *The Invisible Pyramid*. Nova York: Scribner's, 1970.
——. *The Star Thrower*. Nova York: Harcourt Brace Jovanovich, 1978.
FISHER, W. B. *The Middle East: A Physical, Social and Regional Geography*. Londres: Methuen, 1978.
FLANNERY, Tim. *The Future Eaters: An Ecological History of the Australasian Lands and People*. Nova York: Brasiller, 1995.
FOWLER, Melvin. "A Pre-Columbian Urban Center on the Mississippi". *Scientific American*, 23, n° 2, agosto de 1975, p. 92-101.
FRYE, Northrop. "Humanities in a New World." In: FREY, Northrop, KLUCKHOHN, Clyde & WIGGLESWORTH, V. B. *Three Lectures*. Toronto: University of Toronto Press, 1958.
FUKUYAMA, Francis. *O fim da história e o último homem*. Rio de Janeiro: Rocco, 1992.
GALEANO, Eduardo. "Did History Lie When It Promised Peace and Progress?" In: FRIED, Jonathan et al. (ed.). *Guatemala in Rebellion: Unfinished History*. Nova York: Grove, 1983.
GARRETT, Laurie. *A próxima peste*. Rio de Janeiro: Nova Fronteira, 1995.
GIBBON, Edward. *Declínio e queda do império romano*. São Paulo: Companhia das Letras, 2005.
GOETZ, Delia, MORLEY, Sylvanus & RECINOS, Adrián (tradutores). *Popol Vuh: The Sacred Book of the Ancient Quiché Maya*. Norman: University of Oklahoma, 1950.
GOLDING, William. *Os herdeiros*. São Paulo: Nova Alexandria, 1999.
——. *Pincher Martin*. Londres: Faber and Faber, 1956.
GORST, Martin. *Measuring Eternity: The Search for the Beginning of Time*. Nova York: Broadway Books, 2001.
GOUDIE, Andrew. *The Human Impact on the Natural Environment*. Oxford: Blackwell, 2000.
GRADY, Wayne. *The Quiet Limit of the World: A Journey to the North Pole to Investigate Global Warming*. Toronto: Macfarlane Walter and Ross, 1997.

HARLAN, Jack R. *Crops and Man*. Madison, WI: American Society of Agronomy: Crop Science Society of America, 1992.

HARTH, Erich. *Dawn of a Millennium: Beyond Evolution and Culture*. Londres: Penguin, 1990.

HEINTZMAN, Andrew & SOLOMON, Evan (ed.). *Fueling the Future: How the Battle Over Energy Is Changing Everything*. Toronto: Anansi, 2003.

HEMMING, John. *The Conquest of the Incas*. Harmondsworth, UK: Penguin, 1983.

HENRY, Donald et al. "Human Behavioral Organization in the Middle Paleolethic: Were Neanderthals Different?" *American Anthropologist*, 106, n° 1, março de 2004, p. 17-31.

HEYERDAHL, Thor. "Guara Navigation: Indigenous Sailing off the Andean Coast". *Southwestern Journal of Anthropology*, 13, n° 2, 1957.

———. *Sea Routes to Polynesia*. Londres: Allen and Unwin, 1968.

HEYERDAHL, Thor & SKJOLSVOLD, Arne. "Archaeological Evidence of Pre-Spanish Visits to the Galápagos Islands". *Memoirs of the Society for American Archaeology*, n° 12, 1956.

HOBAN, Russell. *Riddley Walker*. Londres: Jonathan Cape, 1980.

HOBSBAWM, Eric. *A era dos impérios*. São Paulo: Paz e Terra, 1988.

———. *A era dos extremos*. São Paulo: Companhia das Letras, 1995.

HOMER-DIXON, Thomas. *The Ingenuity Gap: How Can We Solve the Problems of the Future?* Toronto: Knopf, 2000.

HOSLER, Dorothy. "Ancient West Mexican Metallurgy: South and Central American Origins and West Mexican Transformations". *American Anthropologist*, 90, n° 4, 1988, p. 832-855.

HOWELLS, William. *Mankind in the Making: The Story of Human Evolution*. Londres: Secker and Warburg, 1960.

HUXLEY, Aldous. *Admirável mundo novo*. São Paulo: Globo, 2001.

———. *Beyond the Mexique Bay*. Londres: Paladin, 1984. Publicado originalmente em 1934.

IBSEN, Henrik. *Um inimigo do povo*. Porto Alegre: L&PM, 2001.
JACOBS, Jane. *The Economy of Cities*. Nova York: Random House, 1969.
——. *Dark Age Ahead*. Toronto: Random House, 2004.
JAY, Nancy. *Com toda a tua descendência para sempre*. São Paulo: Paulus, 1998.
JENNINGS, Francis. *The Invasion of America: Indians, Colonialism, and the Cant of Conquest*. Nova York: W. W. Norton, 1976.
KELLEY, David H. *Deciphering the Maya Script*. Austin: University of Texas, 1976.
KOLATA, Alan. *Tiwanaku and Its Hinterland: Archaeology and Paleoecology of an Andean Civilization*. Washington, DC: Smithsonian Books, 1996.
LANNING, Edward. *Peru before the Incas*. Englewood Cliffs, NJ: Prentice-Hall, 1967.
LAPHAN, Lewis. "Reading the Mail". *Harper's*, novembro de 2003. p. 9-11.
LEAKEY, Richard & LEWIN, Roger. *Origins Reconsidered: In Search of What Makes Us Human*. Nova York: Doubleday, 1992.
LEE, Richard. *The Dobe !Kung*. Nova York: Holt Rinehart and Winston, 1984.
LESLIE, John. *The End of the World: The Science and Ethics of Human Extinction*. Londres: Routledge, 1998.
LIMERICK, Patricia Nelson. *Something in the Soil: Legacies and Reckonings in the New West*. Nova York: W. W. Norton, 2000.
LINDQVIST, Sven. *Exterminate All the Brutes*. Tradução de Joan Tate. Londres: Granta Books, 1996.
LIVINGSTON, John A. *Rogue Primate: An Exploration of Human Domestication*. Toronto: Key Porter, 1994.
LOVELL, W. George. *Conquest and Survival in Colonial Guatemala: A Historical Geography of the Cuchumatán Highlands 1500-1821*. 2ª ed. Montreal: McGill-Queen's University Press, 1992.
——. *A Beauty That Hurts: Life and Death in Guatemala*. Austin: University of Texas Press, 2000.

LOVELL, W. George & LUTZ, Christopher H. *Demography and Empire: A Guide to the Population History of Spanish Central America, 1500-1821*. Boulder, CO: Westview, 1995.

LOVELL, W. George & NOBLE, David Cook (ed.). *Secret Judgements of God: Old World Disease in Colonial Spanish America*. Norman: University of Oklahoma Press, 1992.

LYNAS, Mark. *High Tide: News from a Warming World*. Londres: Flamingo, 2004.

MACMILLAN, Margaret. *Paz em Paris*. Rio de Janeiro: Nova Fronteira, 2004.

MALLOWAN, M. E. L. *Early Mesopotamia and Iran*. Londres: Thames and Hudson, 1965.

MALTHUS, Thomas. *An Essay on the Principle of Population*. Edição de Anthony Flew. Londres: Penguin, 1970. Publicado originalmente em 1798 e 1830 (revisado).

MANN, Charles. "1491". *Atlantic Monthly*, março de 2002, p. 41-53.

MANNING, Richard. "The Oil We Eat". *Harper's*, fevereiro de 2004, p. 37-45.

MARTIN, Paul S. "Prehistoric Overkill: The Global Model". In: MARTIN, Paul S. & KLEIN, Richard G. *Quaternary Extinctions: A Prehistoric Revolution*. Tucson: University of Arizona Press, 1984.

MARX, Karl. *Karl Marx: Selected Writings in Sociology and Social Philosophy*. Edição de T. B. Bottomore e Maximilien Rubel. Harmondsworth, UK: Pelican, 1961.

MCKIBBEN, Bill. *The End of Nature*. Nova York: Random House, 1989.

MCNEILL, William H. *Plagues and Peoples*. Nova York: Anchor, 1976.

MELLAART, James. *Earliest Civilizations of the Near East*. Londres: Thames and Hudson, 1967.

MENCHÚ, Rigoberta. *I, Rigoberta Menchú: An Indian Woman in Guatemala*. Traduzido por Ann Wright. Londres: Verso, 1984.

MILLONES, Luis. "The Time of the Inca: The Colonial Indians' Quest". *Antiquity*, nº 66, 1992, p. 204-216.

MITCHELL, Alanna. *Dancing at the Dead Sea: Tracking the World's Environmental Hotspots.* Toronto: Key Porter, 2004.

MITCHELL, Timothy. "The Object of Development: America's Egypt". In: CRUSH, Jonathan (ed.). *The Power of Development.* Londres: Routledge, 1995.

MITTELSTAEDT, Martin. "Some Like It Hot". *Globe and Mail*, 17 de abril de 2004.

——. "The Larder Is Almost Bare". *Globe and Mail*, 22 de maio de 2004.

MOSELEY, Michael E. *The Incas and Their Ancestors: The Archaeology of Peru.* Londres: Thames and Hudson, 1992.

MOWAT, Farley. *Sea of Slaughter.* Toronto: McClelland and Stewart, 1984.

NATIONAL RESEARCH COUNCIL. *Lost Crops of the Incas.* Washington, DC: National Academy Press, 1989.

NEWHOUSE, John. *Imperial America: The Bush Assault on the World Order.* Nova York: Knopf, 2003.

NIKIFORUK, Andrew. *The Fourth Horseman: A Short History of Epidemics, Plagues, Famine, and Other Scourger.* Toronto: Viking, 1991.

OPPENHEIM, A. Leo. *Ancient Mesopotamia: Portrait of a Dead Civilization.* Edição revisada. Chicago: University of Chicago Press, 1977.

ORLIAC, Catherine & ORLIAC, Michael. *Easter Island: Mystery of the Stone Giants.* Tradução de Paul G. Bahn. Nova York: Abrams, 1995.

ORWELL, George. *1984.* São Paulo: Ibep, 1987.

OVÍDIO (Publius Ovidius Naso). *Amores.* Tradução de Guy Lee. Londres: John Murray, 1968. Reeditado em 2000 como *Ovid in Love.*

PARDO, Luis A. (ed.) *Saqsaywaman*, nº 1, julho de 1970, p. 144.

PIZARRO, Pedro. *Relación Del Descubrimiento y Conquista de los Reinos Del Perú.* Edição de Guillermo Lohmann Villena. Lima: Universidad Católica, 1986. Escrito originalmente em 1571.

POLLARD, Sydney. *The Idea of Progress: History and Society*. Londres: C. A. Watts, 1968.

PONTING, Clive. *Uma história verde do mundo*. Rio de Janeiro: Civilização Brasileira, 1995.

REDMAN, Charles. *Human Impact on Ancient Environments*. Tucson: University of Arizona Press, 1999.

REES, Martin. *Hora final: Alerta de um cientista*. São Paulo: Companhia das Letras, 2005.

ROGGEVEEN, Jacob. *The Journal of Jacob Roggeveen*. Tradução e edição de Andrew Sharp. Oxford: Clarendon Press, 1970.

ROUTLEDGE, Katherine, S. *The Mystery of Easter Island*. Londres: Sifton, Praed and Co., 1919.

SAFDIE, Moshe. *The City After the Automobile: An Architect's Vision*. Toronto: Stoddart, 1997.

SAFINA, Carl. *Song for a Blue Ocean: Encounters Along the World's Coasts and Beneath the Seas*. Nova York: Henry Holt / John Macrae, 1997.

SAHLINS, Marshall David. *Stone Age Economics*. Londres: Tavistock Publications, 1972.

SANDARS, N. K. (tradução). *The Epic of Gilgamesh*. Harmondsworth, UK: Penguin, 1972.

SAUL, John Ralston. *The Unconscious Civilization*. Toronto: Anansi, 1995.

——. "The Collapse of Globalism". *Harper's*, março de 2004. p. 33-43.

SCARRE, Chris. *Past Worlds: The Times Atlas of Archaeology*. Londres: Time Books, 1988.

SCHELE, Linda & FRIEDEL, David. *A Forest of Kings: The Untold Story of the Ancient Maya*. Nova York: Morrow, 1990.

SCHUMACHER, E. F. *Small Is Beautiful: A Study of Economics As If People Mattered*. Londres: Abacus, 1973.

SHARER, Robert J. *The Ancient Maya*. Stanford, CA: Stanford University Press, 1994.

STANISH, Charles. *Ancient Titicaca: The Evolution of Complex Society in Southern Peru and Northern Bolivia*. Princeton, NJ: Princeton University Press, 2003.

STEADMAN, David. "Prehistoric Extinctions of Pacific Island Birds". *Science*, nº 267, fevereiro de 1995, p. 1.123-1.131.

STRINGER, Christopher & MCKIE, Robin. *African Exodus: The Origins of Modern Humanity*. Nova York: Henry Holt / John Macrae, 1997.

TAINTER, Joseph A. *The Collapse of Complex Societies*. Cambridge: Cambridge University Press, 1988.

TATTERSALL, Ian. *The Last Neanderthal: The Rise, Success, and Mysterious Extinction of Our Closes Human Relatives*. Nova York: Westview Press, 1999.

TEDLOCK, Barbara. *Time and The Highland Maya*. Albuquerque: University of New Mexico Press, 1982.

THOMPSON, J. Eric S. *The Rise and Fall of Maya Civilization*. Londres: Pimlico, 1993. Publicado originalmente em 1954.

———. *Maya Hieroglyphci Writing*. Norman: University of Oklahoma Press, 1971.

THOREAU, Henry David. *Walden: Or, Life in the Woods*. Nova York: New American Library / Signet, 1960. Publicado originalmente em 1854.

TRIGGER, Bruce. *Early Civilizations: Ancient Egypt in Context*. Cairo: American University in Cairo Press, 1993.

TRINKHAUS, Erik & SHIPMAN, Pat. *The Neanderthals: Changing the Image of Mankind*. Nova York: Knopf, 1993.

TUDGE, Colin. *So Shall We Reap*. Londres: Alllen Lane, 2003.

VIOLA, Herman & MARGOLIS, Carolyn (ed.). *Seeds of Change: A Quincentennial Commemoration*. Washington, DC: Smithsonian Institution Press, 1991.

WALDMAN, Carl. *Atlas of the North American Indian*. Nova York: Facts on File, 1985.

WATSON, William. *China*. Londres: Thames and Hudson, 1961.

WEATHERFORD, Jack. *Indian Givers: How the Indians of the Americas Transformed the World*. Nova York: Crown, 1988.

——. *Native Roots: How the Indians Enriched America*. Nova York: Crown, 1991.

WEBSTER, David. *The Fall of the Ancient Maya: Solving the Mystery of the Maya Collapse*. Londres: Thames and Hudson, 2002.

WELLS, H. G. "The Grisly Folk". *Selected Short Stories*. Londres: Penguin, 1958.

WELLS, H. G., HUXLEY, Julian S. & WELLS, G. P. *A ciência da vida*. Rio de Janeiro: José Olympio, 1940.

WENKE, Robert J. *Patterns in Prehistory*. Oxford: Oxford University Press, 1980.

WHEATLEY, Paul. *The Pivot of the Four Quarters: A Preliminary Enquiry into the Origins and Character of the Ancient Chinese City*. Edimburgo: Edinburgh University Press, 1971.

WHITE, Lynn. "The Historical Roots of Our Ecologic Crisis". *Science*, 155, nº 3.767, março de 1967, p. 1.203-1.207.

WILSON, J. A. "Egypt through the New Kingdom: Civilization without Cities". In: KRAELING, C. H. & ADAMS, Robert McCormick. *City Invincible*. Chicago: University of Chicago Press, 1960.

WRIGHT, Ronald. *Time Among the Maya*. Londres: Bodley Head, 1989.

——. *Stolen Continents: Conquest and Resistance in the Americas*. Boston: Houghton Mifflin, 1992.

——. *A Scientific Romance*. Londres: Anchor, 1997.

——. "Civilization Is a Pyramid Scheme". *Globe and Mail*, 5 de agosto de 2000.

——. "All Hooked Up to Monkey Brains". *Times Literary Supplement*, 16 de maio de 2003.

WYNDHAM, John. *The Day of the Triffids*. Londres: Michael Joseph, 1951.

——. *The Chrysalids*. Londres: Michael Joseph, 1955.

ÍNDICE

À espera dos bárbaros (Coetzee), 89, 145
A origem do homem (Darwin), 25
abismo entre ricos e pobres, 152, 212n65
aceleração da mudança, 27, 131
Adão e Eva, 93, 182n48, 205n36
Admirável mundo novo (Huxley), 145
África
    civilização limitada ao norte, 62
    origem dos seres humanos, 31-32, 161n25
Agente secreto, O (Conrad), 144, 174n47
agricultura e civilização, 47, 56, 63, 130, 165n4
    confira também cultivo
Alley, Richard, 69
ameaça do progresso, 148-149
ambição, 154
anglo-saxões, 104
animais
    caça até a extinção, 45, 52-55, 71, 80, 168n18, 168n21
    domesticação, 59-60, 170n32
Antiga Idade da Pedra, 20, 28, 46, 49
Antioquia, 113
armadilhas do progresso, 17-19, 21, 44, 45-46, 55, 72, 130
armas, 18, 43, 45, 144, 206n41
    dos primeiros seres humanos, 51, 167n13
armazenagem de alimentos, 92
arqueologia, 26, 72
arremessador de lanças, 167n13
arte dos primeiros seres humanos, 38-39, 51, 55, 167n14
árvores, 76, 105, 213n67
assistência social, 91-92
astecas
    agricultura, 193n52

antes dos espanhóis, 134, 200n10
conquistas espanholas, 134-135, 201n15
Auden, W. H., 126
Augusto, 109-110
Austrália, 57, 169n27, 174n49

babilônios, 191n44
Ball, John, 182n48
batatas, 137, 171n33, 202n21, 203n22
Bel e o dragão, 180n36
Belloc, Hilaire, 48
Bíblia, 23, 24, 82
bomba atômica, 7, 44, 45, 72, 159n7
"bombas cósmicas", 165n2
Bonampak, 119
Brecht, Bertolt, 89
bronze, 63, 87, 172n40, 172n41, 180n34
búfalo, 53, 167n16
Bush, George W., 154, 208n49, 213n69

caça, 45, 51, 71
  armas, 53
  cro-magnons, 53, 54
  extinção de animais através, 45, 52-55, 80
  neandertais, 38
caça-coleta, 64, 84, 179n26
  sociedades modernas, 54, 55

cães, 59
Cahokia, 90, 181n46
calendário de conta longa, 116, 119, 183n58
calendário juliano, 116
camadas de gelo, 46
Camden, William, 73
camelídeos, 58
canibalismo, 33, 162n28
Çapek, Karel, 55
capital natural, 101, 102, 122, 140, 149, 153
capitalismo, 18
caprinos, 58, 105, 186n9
Carpentier, Alejo, 141
Carter, Jimmy, 148
cérebro humano, 43, 166n11
chatelperroniense, fase cultural, 163n35
Chavín, civilização, 114
Chesterton, G. K., 22
Childe, Gordon, 65, 85
China
  classes, 126
  comércio, 125, 197n75
  dinastia Han, 126
  fomes, 92, 126, 182n51, 197n76
  meio ambiente, 125, 132
  população, 125
Cidade do México, 111, 134, 188n22

ÍNDICE

cidades e vilas,
  neolíticas, 65
cidades
  Américas, 114
  expectativa de vida em, 111
  neolíticas, 61
  população, 110-111, 113-114, 187n20, 188n22
  sumérias, 86
  transporte interno e externo, 111, 188n22
cidades-Estado, 109, 116
  Atenas, 103, 106
  maias, 116, 117-119, 192n49
  Roma, 109
  sumérias, 86, 87
ciência e religião, confronto, 23
civilização
  advertência da Ilha de Páscoa, 80-81
  armadilhas, 46, 72. *Confira também* armadilhas do progresso
  breve período de tempo, 71, 175n1
  cidade-Estado ou centralizada, 109
  colapsos, *confira também* colapso da civilização
  definição, 47, 80-81, 165n4
  dependência da natureza, 101, 102, 121, 122-123, 126-133
  estrutura piramidal, *confira* "pirâmides"
  florescimento de, 103
  início do processo, 47, 175n1
  moral questionada, 16, 48
  perigos do sucesso, *confira* armadilhas do progresso
  por todo o mundo, 71-72
  processos semelhantes em locais diversos, 81-82
  Velho e Novo Mundos, 67, 116
  violência, 48, 89-91, 150, 166n5, 166n6
classes, 47, 72, 80-81, 89, 130, 131
colapso da civilização, 21, 111-112
  advertências dos cientistas, 149-150, 208n52
  comportamento típico anterior a, 154
  descrições literárias, 142-143, 146-147
  natural ou social, 72, 102
  por todo o mundo, 149, 208n52
  três aspectos, 129-130, 152
coletores, 55-56
colonialismo, 47, 166n5
combustíveis fósseis, 138, 140, 204n26

comércio
    China com Roma, 125, 197n75
    Sumérios, 86
Como gostais (Shakespeare), 24
comportamentos incorporados, 97-98, 123
comunismo, 148
Confederação dos Iroquois, 139, 205n30
Coningsby (Disraeli), 143
conquista européia das Américas, 52
    espanhola, *confira também* conquistas espanholas
conquistas espanholas, 104-105, 135, 201n15
consumo e reservas, 174n52
Cook, James (Capitão Cook), 74, 78
Copan, 118, 121, 195n66
corrida armamentista, 145, 208n50
Cortés, Hernando, 67
crenças
    mudança com o surgimento da ciência, 16, 24-26, 159n5
    tradicionais, 22-24
Crescente Fértil, 57, 83, 104
crescimento populacional, 46, 121, 124-125, 130, 134, 152, 155, 196n71
    aceleração, 131, 198n3
    e guerra, 65
Crise dos Mísseis em Cuba, 145, 209n55
cristianismo, Nova Direita, 154, 213n71
Crítias (Platão), 106
cro-magnons, 32, 34-36, 38, 41, 51, 52, 53, 83, 163n31, 163n35
    e neandertais, *confira também* neandertais
    estudos genéticos, 35, 163n32
Crosby, Alfred, 155
cultivo, 46, 55, 56, 63, 84, 91, 168n25
    China, 126
    confira também agricultura e civilização
    Egito, 124
    maia, 117, 121, 192n51, 193n52
    maquinário, 137-138
    na América do Norte, 136
    técnicas aperfeiçoadas, 133
culturas,
    adaptações, 43-44
    definição, 47
    evolução acelerada, 49-50
    perigos, 44
    transmitida pelo discurso, 26
Curie, Marie, 25

ÍNDICE

Darwin, Charles, 24, 25
darwinismo social, 154, 213n70
Declínio e queda do Império Romano (Gibbon), 104
democracia, 19
demônio, 65, 173n46
derrubada de árvores, 105
desenvolvimento humano, 26
desnutrição, 150, 210n58
desperdício, 149
"desregulamentação", 151, 211n63
determinismo tecnológico, 63
Dickens, Charles, 142
dinossauros, extinção, 45, 165n2
discurso, 26, 160n19
distopias, 146, 147
doenças
  do século XX, 146, 147, 207n44
  preocupação com o futuro, 155
  Velho Mundo, na América, 135, 136, 139-140, 200n10, 200n11
domesticação, 47, 175n1
  animais, 59
  plantas, 57, 60, 63
Dos Pilas, 119

Easter Island, Earth Island (Bahn & Flenley), 80, 176n9
Ecological Imperialism (Crosby), 167n17
economia *laissez-faire*, 151
Éden, 22, 83, 84, 85
Egito
  civilização, surgimento, 47, 175n1
  conservadorismo, 103, 124
  crescimento da população, 124-125, 196n71
  cultivo, 124
  doença, 125, 197n73
  meio ambiente, 124, 132, 196n70
  moderação na tecnologia, 62
Einstein, Albert, 17-18, 142
Eiseley, Loren, 30
El Mirador, 115, 190n42
enchentes, 92-95, 183n55, 183n56
Engels, Friedrich, 208n50
Épico de Gilgamesh, 82-83, 88, 93-95, 178n24, 183n56, 183n59
epidemias, *confira também* Peste Negra na Europa
Erewhon (Butler), 142, 146
escravidão, 89, 137
escrita cuneiforme, 82
escrita, 63, 116, 191n45
  cuneiforme, 82
  Ilha de Páscoa, 178n20

maia, 116
quipu inca, 63, 172n41
suméria, 87
Estados Unidos
déficits, 213n69
expansão imperialista, 104, 185n7
hostilidade à conservação, 148, 154, 208n49
estrutura social, confira classes; "pirâmides", social
excedente de alimentos, 51
expansão urbana, 150
expectativa de vida
em cidades, 111
maia, 121
extinções, 45, 52-55, 80, 168n18, 168n21

ferro, 172n40, 172n41
fertilizantes, 138
ficção científica, 145
floresta tropical, 213n67
fogo, 28, 30-31, 51, 161n21
fome, 63, 150, 173n42. Confira também misérias
fontes alimentícias mesolíticas, 56. Confira também lavouras; cultivo
Frankenstein (Shelley), 142
Frye, Northrop, 26
Fukuyama, Francis, 19

Galileu, 23
Gandhi, Mahatma, 48, 166n8
Gauguin, Paul, 13-14, 25, 41, 44, 159n1
genocídio, 40, 45, 48, 166n5
geologia, 24
governantes, confira também reis
Graco, irmãos, 108
Grande Depressão, 145, 211n62
Grécia, clássica
consciência ecológica, 106-107
divulgada por Alexandre, 103
guano, 132, 138, 177n17, 198n4, 203n25
Guerra do fogo, A (filme), 28
Guerra dos mundos, A (Wells), 141, 205n35
Guerra Fria, 145, 159n7, 208n50
guerra, 48, 65, 145
primeiros seres humanos, 39-41
século XX, 145, 207n43

Hamlet (Shakespeare), 22, 23, 25
Havaí, 92
Herdeiros, Os (Golding), 40
Heyerdahl, Thor, 75, 176n9
hinduísmo, visão do tempo, 24
Hitler, Adolf, 155

ÍNDICE

Holmes, Oliver Wendell, 152
homem à imagem de Deus, 23
Homo erectus, 29, 31
Homo sapiens sapiens, 46
Hora final (Rees), 149, 209n54
Howells, William, 53
Hussein, Saddam, 91
Huxley, Julian, 160n18
Huxley, Thomas, 20, 25, 160n16

idade da Terra, 24-25, 160n14, 160n15
ideal vitoriano de progresso, 15
idéias matemáticas, 116, 191n44
Ilha de Páscoa, 74-81
   colapso, 78-80, 100, 101, 154, 157
   contato com a Europa, 73-74, 79, 177n17
   impacto humano sobre o meio ambiente, 52-54, 84, 92-98, 179n27, 183n59
   queimada, desmatamento, pastoreio, 105
   reconhecido pelos gregos, 106-107
   Roma, 107-108, 113, 189n27
Império de Acádia, 97
Império Romano, 100, 101
   alívio da fome, 92
   arquitetura e escultura, 104-105, 186n8
   centralização, 109, 110
   colapso, 104, 111-113
   depois do colapso, 101, 104-105, 123
   impacto ambiental, 107-109, 113, 189n27
   população no auge, 100
   principado, 109-110, 187n18
incas, 62-63, 73, 91-92, 139, 204n29
   antes das conquistas espanholas, 132, 133, 199n9, 200n10
   conquistas espanholas, 134-135, 201n15
   matemática, 172n41, 191n44
   sistema quipu, 63, 172n41
Indo, vale do rio, 191n45
inflação, 112
inimigo do povo, O (Ibsen), 206n41
Inquisição, 65
instituições internacionais, 151
Iraque, 84
irrigação e efeitos, 85, 95-98, 129-130

Japão, 63
Jennings, Francis, 136, 202n17
Júlio César, 109, 116

Kelvin, Lord, 160n15
Kennedy, John F., 18

lavouras, 57-58, 60, 63, 137, 170n30, 170n31, 171n33, 178n22
confira também cultivo; produção de alimentos
fracassos, 155
liderança, 64
Lightfoot, John, 24
Limerick, Patricia, 186n7
literatura da era científica, 142-143, 145-147
Londres no período romano, 113
Lyell, Charles, 24, 25, 33

macacos
  primórdios da cultura, 29
  relação com os seres humanos, 23, 42, 44
maias
  arte e arquitetura, 118, 193n54
  calendário, 116, 119, 194n58
  cidades-Estado, 116, 117-119, 192n49
  classes, 118, 121
  colapso, 120-123, 194n63, 195n64
  comportamento incorporado, 123
  conquistas espanholas, 105
  cultivo, 117, 121, 192n51, 193n52
  declínio na saúde, 121
  depois do colapso, 101, 123, 185n4
  doenças do Velho Mundo, 194n63, 195n65
  escrita, 116
  literatura, 141, 205n37
  matemática, 116, 191n44
  metais pouco empregados, 62
  período clássico, 115
  população, 100, 121, 122, 184n2
  problemas no solo, 121, 122
  reis, 116
  visão do tempo, 24
mal da vaca louca, 146, 147, 207n44
Malthus, Thomas, 130
máquina do tempo, A (Wells), 143
Marx, Karl, 136, 148
McNeill, William, 138
mercado de ações, 154
Mesopotâmia, 62. *Confira também* sumérios
método científico, 23
migrações de seres humanos, 52, 123-124, 164n1, 174n48
milho, 137, 168n25, 170n29, 171n33, 203n21
miscigenação dos primeiros seres humanos, 31-32, 34, 38-39, 41, 162n26

ÍNDICE

misérias, 92, 126, 182n51, 197n76. *Confira também* fome
mito do progresso, 17, 148
mitos, 16
Moby Dick (Melville), 53, 168n21
moderação, 156
"monogênese africana", hipótese, 31, 161n25
Monte Verde, 56, 169n26
moral da civilização, 16, 48
mudança climática, 37, 52-53, 68-70, 149, 155, 175n53, 209n53

Nações Unidas, 152
neandertais, 32-41, 42, 162n29, 162n30, 163n31, 163n33, 164n37
  características e costumes, 34, 35, 36, 163n35
  relações com os cromagnons, 34-35, 38-41, 45, 51, 83, 164n39
necessidade e ganância, 21
necessidades básicas, 152
Newton, Sir Isaac, 24, 160n14
Notícias de lugar nenhum (Morris), 143
Nova Direita, 151
núcleos de gelo, 68, 69, 174n51
numerais arábicos, 116, 191n44

olmecas, 114
origem das espécies, A (Darwin), 33
origem do homem, A (Darwin), 25
Oryx and Crake (Atwood), 147
ouro da América, 136, 202n19
Ovídio, 107-108
ovinos, 59, 186n9

Palenque, 118, 194n55
Paleolítica, Era, *confira também* Antiga Idade da Pedra
pasto, 105, 186n9
patriotismo, 65
Peste Negra na Europa, 195n65
pesticidas, 208n51
Pincher Martin (Golding), 50, 167n12
pinturas rupestres, *confira também* arte dos primeiros seres humanos
"pirâmides"
  civilizações como, 101-102, 111-114
  naturais, 101, 102, 112-113, 117
  sociais, 48, 101, 112, 117, 118, 131, 140, 205n33
Pisístrato, 106
plantas, cultivadas, *confira* lavouras; domesticação; cultivo
pobreza, 152. *Confira também* miséria, fome

pólen, estudos de, 117, 195n66
Polinésia, 68, 103
política colonial racista, 47-48, 166n5
Pollard, Sidney, 16
poluição, 20
Pope, Alexander, 20
Popol Vuh (épico maia sobre a criação), 141, 205n37
população
    Américas, 133, 136, 202n18
    China, 125
    cidades, 110-111, 113, 187n20, 188n22
    e abastecimento alimentar, 60
    Egito, 86, 125
    mundial, 31, 44, 60, 131, 189n33, 197n2
    primeiros seres humanos, 31, 161n24
    suméria, 85, 180n38, 184n2
Primeira Grande Guerra, 145
Principles of Geology (Lyell), 24
produção de alimentos, 150, 153, 171n38, 209n56, 211n64
    lavouras da América, 60, 137, 170n29, 170n30, 171n33, 202n21, 203n22
progresso material, 16
progresso, medido pela tecnologia, 16-20, 62-63, 99
projetos missionários, 19

propaganda, 213n68
propriedade da terra, 64-66, 108-109
prostituição nos templos, 180n35
Protocolo de Kioto, 149, 154, 208n49

queima de florestas, 105
quipu, sistema, 63, 172n41

Rapa Nui, *confira também* Ilha de Páscoa
Reagan, Ronald, 148, 208n49
rede de seguridade social, 151, 210n60
redistribuição, 151
regeneração da natureza, 102
regeneração natural, 123
reis, 88-91, 117, 131
represa alta de Assuã, 196n70
"Revolta das ferramentas", 141
Revolução Agrícola, 55-62, 66, 71
Revolução Americana, 140
Revolução Francesa, 140
Revolução Industrial, 62, 136, 138
romances apocalípticos, 145
romances científicos, 142, 145
Rosny, J. H., 28, 161n20
Ruanda, 212n64

ÍNDICE

sacerdócio, 87
sacrifício humano, 89-91, 181n45
sal e solo, 95-98, 183n62
Scientific Romance, A (Wright), 101, 146
seca, 122, 194n63, 195n64
Segunda Guerra Mundial, 145
Sólon, 106
Soros, George, 154
Steinbeck, John, 147
sumérios, 47, 82-98, 100, 101
   cegos quanto ao impacto sobre a natureza, 106
   cidades-Estado, 85, 88
   classes, 89
   colapso, 101, 184n3
   comércio, 87
   enchentes, 92-99, 183n55, 183n56
   escravos, 89
   escrita, 87
   irrigação e efeitos, 85, 95-98
   meio ambiente, 84-85, 92-93
   população, 85, 180n38, 184n2
   prostituição nos templos, 88, 180n35
   reinado, 88-91
   sacerdócio, 86, 88
   sacrifício humano, 89-91
   surgimento da civilização, 47, 175n1
   zigurates, 86, 180n32

Tainter, Joseph, 111, 129, 149, 208n52
Tattersall, Ian, 53
tecnologia
   como medida do progresso, 16-20, 62-63
   preocupações, 146, 209n54
   primeiras maquinarias, 204n28
Tempos difíceis (Dickens), 142, 206n39
teoria da evolução, 22, 25
"teoria hidráulica", 179n30
Teotihuacan, 114, 190n36
terras cultiváveis, 150
terrorismo, 66, 150, 174n47
Tikal, 115, 117, 118, 119, 120, 127, 192n49, 193n55
Tiwanaku, 114, 190n36, 193n52
trabalho em metal, 62, 172n41. *Confira também* bronze, ferro
Tratado Internacional de Direito do Mar, 208n49

Ur, 97, 98, 180n38
Uruk, 85, 88, 98
Ussher, arcebispo, 24

Utnapishtim, 93-95, 183n56
Utopia (More), 138-139

varíola, 67, 134, 140
violência, 48, 89-91, 150, 166n5, 166n6
visão de longo alcance, 130-131, 156

Webster, David, 120, 121, 172n39

Wells, H. G., 26, 141, 205n35
Wolpoff, Milford, 39
Woolley, Sir Leonard, 95

Xtabay, 99

Yucatán, 194n63

zigurates, 86, 180n32

Este livro foi composto na tipologia Latin 725BT,
em corpo 11/15, e impresso em papel off-white
80g/m², no Sistema Cameron da Divisão Gráfica
da Distribuidora Record.

Seja um Leitor Preferencial Record
e receba informações sobre nossos lançamentos.
Escreva para
RP Record
Caixa Postal 23.052
Rio de Janeiro, RJ – CEP 20922-970
dando seu nome e endereço
e tenha acesso a nossas ofertas especiais.

Válido somente no Brasil.

Ou visite a nossa *home page*:
http://www.record.com.br